Herman van Veen

Das Leben ist ein Wunder
und andere
persönliche Bekenntnisse

Aus dem Niederländischen
von Thomas Woitkewitsch

W0194146

Ch. Links Verlag, Berlin

Titel des niederländischen Originals:
Het Badhuis en andere verhalen
De Fontein BV, Baarn

Die Deutsche Bibliothek – CIP-Einheitsaufnahme
Veen, Herman van:
Das Leben ist ein Wunder : und andere persönliche Bekenntnisse /
Herman van Veen. – 1. Aufl. – Berlin : Links, 2000
(Literarische Publizistik)
ISBN 3-86153-207-7

1.Auflage, März 2000
© Harlekijn Holland B. V. 1999
© für die deutsche Ausgabe: Ch. Links Verlag – LinksDruck GmbH
Schönhauser Allee 36, 10435 Berlin, Tel. (030) 44 02 32-0
www.linksverlag.de
Umschlaggestaltung: KahaneDesign, Berlin
unter Verwendung eines Fotos von Gerard Held
Satz: Susanne Heerdegen, Ch. Links Verlag
Schrift: New Century Schoolbook
Druck- und Bindearbeiten: Friedrich Pustet, Regensburg
ISBN 3-86153-207-7

Für meinen alten Freund Willem Wilmink

Inhalt

... es gibt
einen inneren Frieden,
der unantastbar ist,
der von keiner Beleidigung
beschädigt werden
und von keiner Korruption
attackiert werden kann.
Haltet daran fest.
Das ist, was eure kindliche Unschuld
einst war
und was euer Erwachsensein
werden muß.

Bruder Regan
in
Jeannus Deane:
»Reading in the Dark«

Das Badehaus

Am letzten Werktag der Woche kriegen die Männer von der Druckerei ihre Lohntüten. Regelmäßig wurde vorm Nachhausegehn das Kleingeld in jungen Schnäpsen angelegt. Freitags kam mein Vater dann etwas fröhlicher um die Ecke der Kievitdwarsstraat als donnerstags. Wir aßen, ohne ein Wort zu sagen, weil meine Mutter den Alkohol haßte wie die Pest. Ihr Vater hatte einmal, als er betrunken war, ihre Mutter mit einer Geldkassette fast totgeschlagen, also hatten wir Kinder für Mamas Verhalten großes Verständnis.

An einem dieser explosiven Freitage sagte mein Vater: »Herre, wir gehn ins Badehaus.« Jeder am Tisch schaute hoch.

Ins Badehaus? Ich blickte zu meiner Mutter.

Sie saß da und schaute mit hochgezogenen Augenbrauen auf meinen Vater. Meine Schwestern hatten aufgehört zu essen. Etwas Bedeutendes lag in der Luft. Ich saß auf einmal kerzengerade da. Stell dir vor, ins Badehaus mit dem Vater. Wo all die großen Männer hingingen. Hieß das, daß ich jetzt groß war? Ich würde nächste Woche acht werden.

»Ja, Mama«, hörte ich mich sagen, »ich gehe mit ins Badehaus. Darf ich ein Handtuch holen?«

Meine Mutter saß noch immer unbeweglich da und blickte meinen Vater an.

»Mama?«

Sie nickte. Ich schob meinen Stuhl nach hinten

und rannte die Treppe hoch, holte aus dem Wäscheschrank ein Handtuch und polterte die Treppe runter.

»Kommst du?«

Mein Vater gab meiner Mutter einen Kuß.

»Jan«, sagte meine Mutter leise, »benutz' das Handtuch von Herre.«

Heute Abend würde ich nicht von meiner Mutter gewaschen werden, nicht auf dem Abwaschtisch eingeseift und in der kleinen Blechwanne abgespült werden, nicht trockengerubbelt und auf den Boden gehoben werden, mir würde nicht in den Pyjama geholfen werden. Heute Abend wurde ich groß. Heute Abend ging ich mit meinem Vater ins Badehaus.

Hand in Hand gingen wir die schummrige Straße hinunter. An der Ecke bei der Pommesbude saßen – standen – hockten – hingen wie immer die meisten Kinder der Nachbarschaft mit Fahrrädern, Mopeds und Rollern herum.

»Hempie«, rief Jan, »wollen wir Schießpulver machen?«

»Nein, ich geh ins Badehaus«, sagte ich, als ob es die normalste Sache der Welt wäre.

Meine Worte müssen enorm viel Eindruck gemacht haben, denn genau in diesem Moment begannen die Kirchenglocken zu läuten. Acht Uhr.

Mein Vater kaufte für einen Viertelgulden eine Karte für eine Viertelstunde duschen. »Darf mein Sohn mit auf meine Karte rein?«

Die Frau hinter der Kasse sah mich taxierend an. »Wie alt bist du?« fragte sie.

»Fast acht«, sagte ich. Sie nickte und schob ein Stückchen Seife über den Schalter.

Wir setzten uns auf eine Bank wie beim Zahnarzt. Da saßen schon Dutzende von Männern, vier von ihnen waren rabenschwarz. Sie arbeiteten in der Gasfabrik. Sahen aus wie Knecht Ruprecht. Ich war der einzige kleine Junge.

»Ist das dein Sohn?« fragte ein enorm dicker Kerl. »Und wie heißt er?«

»Herre«, sagte ich leise.

»Und«, fragte der Mann, »kannst du singen?« Ich schaute meinen Vater an. Singen? »Du darfst nicht ins Badehaus«, sagte der Mann, »wenn du nicht singen kannst.«

Mein Vater gab mir einen Stoß mit dem Ellbogen. »Das stimmt, hab ich ganz vergessen, dir zu sagen. Man darf hier nicht duschen, wenn man nicht singen kann.« Ich verstand kein Wort. Mein Vater sah auf die große Uhr, die über der Kasse hing. »In zwei Minuten sind sie fertig, dann sind wir dran«, flüsterte er. Ein Summer ertönte. Eine Tür knallte auf. Ich blickte nun in einen langen Gang mit Dutzenden von Türen auf beiden Seiten. Männer in weißen Kitteln gingen auf Badelatschen durch den Gang und donnerten an die Türen. »Abtrocknen, anziehen, abhaun. Schöner werdet ihr doch nicht. Das Wartezimmer ist voller Schmutzfinken.«

»Die Badelatschen hat Anton Geesink erfunden«,

sagte der Nachbar meines Vaters ernsthaft. »Bei den Japsen laufen alle auf diesen Schwammsohlen rum.«

Die ersten gewaschenen Männer kamen nach draußen – summend und pfeifend. Die meisten kannte ich gut. Den Vater von Truus, Dieneke, den Vater von Nel, den Vater von Henk und Max. Fast alle grüßten meinen Vater.

»Na, Jan, willst du dir die Sünden abspülen?«

»Herman, willst du deinem Vater den Rücken schrubben? Wird auch langsam Zeit. Vergiß den Nabel nicht. Da sind immer Flusen drin.«

Die weißen Männer machten die Duschkabinen sauber. »Ein Viertelstündchen, nicht länger«, sagte der älteste mit einem erhobenen, blau durchweichten Finger zu mir. »Nach fünf Minuten gehen die Hähne an.«

Mein Vater stand auf. Wir gingen durch den Gang und betraten eine Duschzelle, die nicht viel größer war als unser Klo. An der Innenseite der Tür hingen bleiche Holzhaken. Mein Vater fing an, sich auszuziehen. Ich fand das sehr spannend. Ich hatte ihn natürlich schon fast nackend gesehen – im Bett. Fast, weil er immer eine schlabbrige, durchwachsene Unterhose anbehielt. Aber ich hatte nie gesehen, wie er sich ganz auszog. Erst Unterhemd, dann Schuhe und Socken, dann Hose und Unterhose. Für den Bruchteil einer Sekunde sah ich seinen Pimmel. So was wie meiner, nur etwas größer und schrumpliger, und seiner kam aus einem Bart. Ich drehte mich verlegen um und hatte mich im Nu ausgezogen. Ich hängte meine Unterhose neben seine und sah zu meiner Zufriedenheit, daß auch er eine Bremsspur in seiner Hose hatte.

»Alle die Klamotten aus? Wenn nicht, Pech gehabt.«

Rücken an Rücken standen wir unter der Dusche und warteten auf das Wasser. Das kam in einem prasselnden Strahl, als ob der Himmel aufbrach. Warmer Regen. Mein Vater begann, sich einzuseifen. Ich stand atemlos da, wie an den Duschkasten genagelt. Ein Mann fing an zu singen. »Zwanzig kleine Finger«, und alle Duscher stimmten ein. »Oh, wie klein sie sind.« Ein Riesengelächter. Ich verstand nicht, was daran so komisch war. »Der eine hat 'ne Stupsnase und der andere Schatz, der andere Schatz, sieht genauso aus wie Pa Pa Pa, Papperla Pa.«

Jeder sang aus voller Brust den Refrain des Marcel-Tielemans-Liedes mit. Ich bekam das gleiche Gefühl wie bei der Nationalhymne vor einem Länderspiel. Ich war jetzt auch eingeseift und drehte mich wie ein Karussell mit meinem Vater laut singend in der Runde. Ich wusch seinen Rücken, er wusch meinen Rücken. Und die Männer sangen: »All the chapel bells are ringing in the little valley town. La la la la la la la la« von Les compagnons de al Chanson und Edith Piaf.

Ich sang ihre Melodie in meinem eigenen Englisch über alle Männerstimmen hinweg zu Ende. Im Badehaus klang's wie in einer Kirche. Zwanzig

Männer und ein achtjähriges Würstchen mit Gänsehaut sangen aus voller nackter Brust, begleitet vom warm strömenden Utrechter Leitungswasser.

Selig. Im Badehaus mit meinem Vater.

Stirb

Er kommt nach Haus,
geht in die Küche,
streichelt ihr über den Kopf,
schaut unter den Deckel der Bratpfanne,
schenkt sich einen Klaren ein,
geht zum Ledersessel,
schläft ein,
träumt von großen Titten,
Strumpfhaltern,
schwarzen Nylons,
hohen Hacken.

Wird wach
mit einem strammen Gefühl
in der Hose,
motzt,
weil sie erst essen
und dann
in aller Ruhe
die Kinder ins Bett bringen will.

Schlürft die Suppe rein,
schlingt den Blumenkohl runter,
steht als erster vom Tisch auf,
schenkt sich einen Klaren ein,
geht zum Ledersessel,
nimmt die Zeitung,
schläft ein,
träumt von Schamhaar-Büscheln,

Duschkabinen,
nassen Handtüchern.

Wird wach
mit einem strammen Gefühl
in der Hose,
motzt,
weil sie erst in die Wanne
und dann
in aller Ruhe
ein bißchen reden will.

Schaut fern,
Beine auf dem Tisch,
fragt andauernd,
ob es noch Kaffee gibt.
Schenkt sich einen Cognac ein,
schläft ein,
träumt von weißen Bullen,
die in schnellen Wagen
drogensüchtige Neger jagen.

Wird wach
mit einem strammen Gefühl
in der Hose,
macht seinen Reißverschluß auf,
zieht sie zu sich,
meckert,
weil sie sich erst übergeben muß.
Macht ihn sauber
mit der Utrechter Zeitung,

wischt das Erbrochene weg,
stopft die Zeitung
in die Pfanne,
gießt Jenever drüber,
zündet die Papierkugel an.
Mit der leeren Flasche schlägt
sie den Fernseher kaputt,
holt die Kinder aus dem Bett,
flüstert in sein Ohr,
bevor sie zum allerletzten Mal
die Treppe heruntergeht:
Stirb!

Vogel

Kievitdwarsstraat 52, in dem vor dem Krieg errichteten Vogelviertel, da wohnten wir, hinter einer Tür mit drei kleinen Fensterchen und einer Aufziehklingel. Vater, Mutter, zwei Schwestern und ich. In der Straße lebten einst viele deutsche Juden, die in den dreißiger Jahren – auf der Flucht vor den Deutschen – ihr Heil in Utrecht gesucht hatten. Die meisten verschwanden in Vernichtungslagern.

Ein schmales hohes Haus mit einem langen Gang. Permanent feuchte Küche, vor allem, wenn gekocht wurde. Dann kullerten, bildete ich mir ein, von den glänzenden Wänden andauernd Tränen.

Oben ein Klo mit Holzdeckel und einem Loch, das unserer Meinung nach in China endete – soo tief, soo lange dauerte es, bevor man sein Häufchen plumpsen hörte. Der Dachboden ein Wald aus Sparren, ohne Bretter, ohne Abdeckung. Alles Holz war im Krieg verbrannt worden. Ich schlief im Durchgangszimmer, zwischen dem Vorderzimmer oben und dem Schlafzimmer meiner Eltern. Eine Art Mundharmonika mit Schiebetüren. Die Treppe, die Wände, die Türen, die Betten, nichts knarrte nicht. Das Haus war kalt. Wir hatten nur einen Ofen im Wohnzimmer, um den herum wir abends im düsteren Winter im Schneidersitz beisammen saßen. Auf meinen Schenkeln erschien dann nach einiger Zeit die rosa Honigwabe aus

Ofenbeinen. Hinter den Fensterchen glühte das Anthrazit, jeden Monat von schwarzen Heinzelmännchen in Jutesäcken gebracht, die durch den Gang und die Küche in Staubwolken aus Grus zum Schuppen polterten.

Fand das gemütlich, so vorm Ofen zu sitzen mit dem flackernden Feuer. Mutter, die Topflappen häkelte, Vater, der rauchte und die Zeitung las, Schwestern, die Hausaufgaben machten, das Radio spielte »Monus de man van de maan« (»Monus, der Mann vom Mond«) oder »De Bonte Dinsdagavondtrein« (»Der Bunte Dienstagabendzug«), »De familie Doorsnee» (»Die Familie Durchschnitt«), wenn ich mich richtig erinnere, oder »G. B. J. Hilterman«. Unvergeßlich nah beisammen.

Die Türen glänzten, auf den Tapeten blasse Blümchen, elegant grundierte Zimmerdecken, wo man alles Mögliche drin sehen konnte, wenn man krank im Bett lag mit Ziegenpeter oder Masern, die Fußleisten strenge Striche, Autobahnen für Ameisen.

Neben uns wohnten die Schwestern Tuls. In ihrem Tante-Emma-Laden konnte man alles kaufen. Süßholz, grüne Seife, Erbsen, Streichhölzer, Zigarettenpapier, Lebertran. Alles verschwand in braunen Papiertüten. Ein geheimnisvoller Laden, seltsames Geklirr, dahinter ein Lager voller Rätsel. Stapel aus Dosen, Büchsen und merkwürdigen Sachen von überall her. Teekisten aus Java, Reissäcke aus China, Kaffeebohnen aus Brasilien.

Spaziergang mit Papa Jan van Veen an der Oude Gracht in Utrecht

Die Schwestern waren lieb, aber streng. Glaubten an einen Gott, der alles sah, also auch die Handvoll geklauter Rosinen in meiner Hosentasche. Hab den Gott immer sehr schlimm gefunden.

Auf der anderen Seite neben uns wohnte jedes Jahr jemand anderes hinter den sauberen, undurchsichtigen Gardinen. Niemand blieb da lange. Sonderbares Haus. Vornehmer als das unsere. Selten lernten wir die Leute, die da wohnten, kennen.

Ans, die auch mal da wohnte, schon. Ans war nichts als Bluse. Eine Bluse, gefüllt mit vielversprechenden Bewegungen. Wie Wasser in einer Plastiktüte gluckert, so gluckerte es in Ans'Bluse. Faszinierend fand ich das. Wenn ich sie sah, prikkelte es in meinem Bauch fast so wie beim Kletterseil in der Schule. Herrlich, in einem Rutsch nach unten, und der Pimmel glühte vor Lust.

Gegenüber wohnte ein Polizist mit drei Söhnen. Der Bulle war streng und stark, das konnte man regelmäßig an den Wangen der Jungen erkennen. Oder man hörte es, wenn er sturzbesoffen Hilfeschreie aus den Jungen herausprügelte. Seine Frau war mager, bleich. »Der Besenstiel«, sagte meine Mutter, wenn sie mit ihr ein paar Worte gewechselt hatte. Die Nachbarin von gegenüber kam selten aus ihrer Küche heraus. Wenn sie schräg die Straße überquerte und zu den Tuls-Schwestern ging, dann sah sie aus wie ein Pfeil aus einem unheimlichen Märchenbuch. Wie ein Stock, wie eine Krankheit.

Im Torbogen nebenan wohnten unten und oben die »Kanaries« (»Kanarienvögel«), ein wichtiger Teil von DOS, Door Oefening Sterk (Durch Übung Stark), *der* Fußballverein von Utrecht, Erzrivale von Elinkwijk. Die Straße war aufgeteilt in zwei Mannschaften. Links vom Laternenpfahl wohnten die Dossers, rechts die Elinkwijker. Auf der anderen Seite des Torbogens wohnte eine als Dame verkleidete Frau, meistens schwer aufgetakelt, verheiratet mit einem Kellner. Sie hatte einen Pudel und drei Söhne, von denen einer eine Badehose aus imitiertem Tigerfell hatte wie Tarzan. Meine Mutter meinte, in der tollen Hose stecke mehr drin als nur ein Pimmel. Sie tippte auf Garnrollen. Meine Oma und Tante Gé, die Schwester meines Vaters, wohnten schräg gegenüber von uns, in Nummer 39.

Vorne in der Straße gab's dann noch Blonde Truus, eine Kreuzung aus Doris Day und Diana Dors. Ihre Brüste schwammen wie zwei Kinderköpfchen in ihrem Ausschnitt. Truus hatte alles, was ich als Pubertätler anziehend fand: volle Lippen, volle Bluse, schlanke Fesseln, unwahrscheinliches Lachen, Augenaufschlag wie eine Eule, Haar wie ein Pony, Hema-Haarlack, Zuckerwatte. Sie roch immer nach einem Hauch Schweiß. In meinen Träumen ging ich regelmäßig als »Der große unbekannte Stille« zu ihr. Hab auf diese Weise öfter mit ihr geschlafen als Koos de Witt, der nichts ahnend neben ihr lag und schnarchte.

Einmal im Traum begegnete ich auf der Treppe

Max Maat, auch in Truus verliebt. Wir haben wie zwei läufige Kater gekämpft. Ich verlor, weil Max im Traum Eddie Constantine war.

Die Straße war unser Kosmos. Jeder Gully eine Stadt, jeder Bordstein ein Weg, die Laternenpfähle waren Bäume, die Lampen das Weltall, Briefkastenschlitze die Ohren der Türen, Fensterbänke waren zum Klettern, zum Sitzen, zum Ausspähen und zum Schreiben. Himmel und Hölle oder mit einem Kreisel spielen, Schießpulver machen und Dik Bos sein, wir waren Indianer auf dem Mond, unser Geld war aus zerschnittenen Zigarrendosen gemacht, König, Kaiser, Admiral auf der Müllkippe. Der Lumpensammler rief »Lumpään«, der Gemüsehändler kam mit einem Pferd, die Karre des Milchmanns wurde von einem räudigen Hund gezogen. Der Scherenschleifer war der Teufel. Er hatte nur noch wenige Finger, ein Holzbein und blickte so gemein wie einer unserer Nazis. Er wollte alles schleifen, Messer, Scheren, Schaufeln, und wenn er schliff, sprühten die Funken fast so hoch wie bei den Weihnachtsbäumen, wenn sie Silvester verbrannt wurden. Die ganze Kreuzung stand in Flammen. »Ist deine Mutter zu Hause? Geh und frag sie mal, Junge, ich will sie auch schleifen.« Ich mußte manchmal von ihm träumen. Dachte, wenn es den Tod gibt, sieht er aus wie der Scherenschleifer, der schreiend und zischend durch die Straße ging. Wurde manchmal schweißgebadet, schreiend wach. Nein, nein, all unsere Messer sind schon geschliffen, Herr.

Meine Schwestern Mary (Mitte), Hanneke und ich

Die Toten wurden abgeholt und weggefahren in schwarz umhüllten Pferdewagen. Die Familie ging hinterher. Fenster gingen auf. Menschen lehnten sich über Fensterbänke und blickten stumm auf den trottenden Leichenzug. Einige schlugen ein Kreuz. Die Männer nahmen ihre Hüte ab, andere verneigten sich oder flüsterten. Und die Kinder sahen zum Boden, wo blau-goldene Schmeißfliegen sich an frisch gefallenen, dampfenden Pferdeäpfeln gütlich taten.

Sonntags war die Straße ganz still, als ob sie dalag und grübelte. Nur die Menschen von der Pfingstgemeinde schienen dann noch da zu wohnen. Mit Hüten wie aus alten Büchern oder auf Pickwick-Teedosen, schwarzen Strümpfen, dunkelblauen Jacken. Sie glaubten an einen anderen Gott. Einen Gott aus Rache, der Verdammnis und Hölle versprach. Einen Gott, der weder Sünde mochte, noch Nachbarschaftsfeste. Einen Gott, der offensichtlich keine roten Wangen mochte, aber dicke Zöpfe und mattschwarze Schleifen.

Manchmal fuhr über den Singel ein Kinderverführer auf einem Tandem, der an Pimmelchen rumfummelte. Manchmal ließ er seinen wie einen Zauberstab vor unseren erstaunten Augen freihändig nach oben steigen.

Noch stiller war's am Sonntag in der Koekoekstraat, wo alle Geschäfte waren – das von Grotendorst und das von Jamin, der Lubro mit seinen »spoorpuntjes«, Kekse aus zusammengefegten Kuchenkrümeln, und der Buchladen von van Boven, der alles hatte, was ich lesen wollte. Jules Verne stand da, Winnetou, Arendsoog, Pim Pandoer, alle mit ihren Rücken zu mir. Später, wenn ich groß wäre, würde ich all die Bücher kaufen. Und dann nie mehr mit einem Fahrradrücklicht und einer Batterie unter der Decke lesen müssen.

In der Duifstraat, die aus pechschwarzem Asphalt gemacht war, wohnten noch Judenmenschen. In ganz kleinen Schuhen, weil sie, so sagte Frau Verheul, keine Zehen mehr hatten. Die hatten die Deutschen in Konzentrationslagern abgehackt und aufgegessen.

In die Kwartelstraat konnte man nicht gehen. Da wohnte der Feind, die Elinwijkers, da wohnten die Dämonen, die anderen, die Söhne von Vätern, die nicht in Druckereien arbeiteten, sondern in Fabriken und bei der Bahn. Dann hatte man dort noch Effie von der Treppe, ein sehr schönes Mädchen auf O-Beinen. Jedesmal, wenn sie sich hinsetzte, sah es aus, als habe jemand ihr Cello gestohlen.

Effie, die als allererstes Mädchen auf der Welt Nylonstrümpfe trug, Nylonstrümpfe mit einer Naht und fleischfarbenen Strumpfhaltern. Ich bekam überall Gänsehaut und wollte da gern rankommen. Und in meiner kurzen Kordhose wuchs, wenn ich an ihre Schenkel dachte, mein Zipfel bis fast an die Gürtelschnalle, und meine Wangen glühten rot.

Nach der Schule ging ich über den Singel, vorbei am Gefängnis, wo Möwen mit ihrer Vogelfreiheit die Gefangenen nervten. Meistens regnete es. Beim Lucas Bolwerk klarte es auf. Da stand das Theater. Weißer Mastodon in schmutzig grauer Gracht, in der Ratten wie dreckige Waschlappen durchs Wasser schwammen. Das Theater mit seinen Plakaten in glänzenden Vitrinen. Prinzen und Prinzessinnen sahen einen an, Tänzerinnen und Musikanten beugten sich galant nach vorn. Große Buchstaben riefen geheimnisvolle Namen. Ko van Dijk, Paul Steenbergen, Ida Wassermann, Corry Vonk, Wim Kan. Ein idealer Ort zum Trödeln.

Dann die Abkürzung durch den kleinen Hof zur Schule von Maria Montessori nehmen. Sechs Jahre zusammenknoten, zusammenknoten, knüpfen, knüpfen, Seiten ausmalen, lesen, schreiben, aufzählen, abziehen, dividieren, singen, gymnasticken und rhythmicken.

Ich hab mal eine Corrie geheiratet. Wir waren zusammen im Kindergarten. An einem Freitag sollte es passieren, bei ihr auf dem Dachboden. Meine Mutter und ihre Mutter waren Trauzeuginnen. Nach unserer Hochzeit kriegten wir Zwieback mit Schokoladenstreuseln. Und Orangeade mit Strohhalm. Corrie hab ich aus den Augen verloren. Zwieback esse ich noch oft, mit Schokoladenstreuseln pur. Mindestens haltbar bis Ende 2000. Von Albert Heijn.

Der Heilige Geist

Wenn Gott
Johann Sebastian Bach
ist
Jesus
Wolfgang Amadeus Mozart
ist
Schubert

der Heilige Geist.

Erlkönig

Ein korpulenter Mann mit Brille, weiter Hose, schief sitzendem Schlips, strubbeligen Haaren kam mit einer Tasche über der Schulter und einem Plattenspieler unterm Arm ins Klassenzimmer. »Mijnheer de Boorder« schrieb er an die Tafel. Unter seinen Namen kratzte er in großen Blockbuchstaben: »DUITS« (»DEUTSCH«).

»Heil Hitler«, flüsterte Koos Klomp, der Sohn des Kartoffelbauern. Ich war sicher, daß de Boorder es gehört hatte. Wir waren ungefähr dreizehn Jahre alt. Es war 1958, und keiner von uns wollte etwas von Deutsch wissen, schon gar nicht von dem dicken Mann in der lächerlich weiten Hose. De Boorder blickte über seine Brillengläser stechend in die Klasse. Sah jeden kurz an. Koos offensichtlich etwas länger. Dann schrieb er wieder etwas an die Tafel: »Erlkönig.«

»Kann einer von euch darüber was sagen?«

Wenn wir das wüßten, säßen wir dann in der Schule, dachte ich. »Niemand? Gut«, sagte de Boorder, »der Erlkönig ist der Teufel, Satan, das Böse.« Er sagte das auf eine so beeindruckende Weise, daß außer Koos jeder auf die eine oder andere Weise reagierte. »Erlkönig symbolisiert den Tod in einer Ballade von Goethe, und auf dieses Gedicht hat Franz Schubert eine Musik geschrieben, komponiert. Musik, die auf dieser Platte ist.« Aus seiner Tasche holte er eine Schallplatte, die er wie ein Pamphlet hochhielt. »Franz Schubert

Lehrer Tjeerd de Boorder, den wir eine Schulzeit lang
»Erlkönig« nannten

lebte im Biedermeier.« Das sagte mir etwas. Meine Oma hatte zwei Biedermeierstühle, zwei Medaillons aus Plüsch, auf denen man schlecht sitzen konnte. »Schubert war klein und dick. Anderthalb Meter Österreicher. Ein großer Komponist, der, als er starb, fünfundsechzig Gulden besaß, aber einen Schatz an Musik hinterließ. Bevor ich euch das Lied ›Erlkönig‹ hören lasse, möchte ich euch etwas über Sprache erzählen. Sprache ist ein Kommunikationsmittel. Im Krieg hatten wir eine Widerstandsgruppe, und wir benutzen Wörter aus diesem Schubert-Lied für geheime Informationen in Briefen, auf Häuserwänden oder in Gesprächen. ›Erlkönig‹ bedeutete zum Beispiel ›Ein Deutscher‹. Warum wohl?« De Boorder fragte das so streng, daß das Mädchen, das er ansah, zusammenzuckte. Sie wußte es nicht.

»Und du?« Koos Klomp blickte erstaunt hoch.

»Warum? Weil ein Mof ein Arschloch ist.« Die Klasse lachte.

»Der Deutsche war der Feind, der Deutsche war der Tod, der Deutsche war der Erlkönig«, sagte de Boorder eisig. Wort für Wort analysierte er das Gedicht. Jedes Wort hatte eine bestimmte Bedeutung. Oft das Gegenteil von dem, was der Dichter meinte, und manchmal auch nur das, was da stand. Deutsche Wörter, um Deutsche in die Irre zu führen. Ich war fasziniert. Die Stunde flog dahin! »Dein Gesicht«, sagte de Boorder zum Schluß«, das hieß: ›Sie haben dich durchschaut. Sie wissen, wer du bist. Mach, daß du wegkommst!‹ Aber bevor ich euch gehen lasse, hört euch das Lied von Franz Schubert an.« Vorsichtig ließ er die Nadel auf die Schallplatte sinken. Ein Klavier machte einen Wirbel, als würden Pferdehufe über einen Weg donnern. Ein Vater mit dem Tod auf den Fersen versuchte, seinen Sohn zu retten. Im fliegenden Galopp versuchte er, dem Schicksal zu entgehen. Vergeblich. Das Kind war am Ende des Liedes tot. Und die Klasse totenstill.

Lag es an dem seltsamen, verwirrten Mann, an dem merkwürdigen Lied, an all den Kriegsinformationen? Ich wußte es nicht. Wie auch immer, ich beschloß, Schubert im Auge zu behalten.

Vierzig Jahre später, inzwischen war ich Sänger geworden, bekam ich einen Brief von einer Frau, die schrieb, geistigen »Kontakt« mit Franz Schubert zu haben. Sie wollte unbedingt mit mir reden, und sie erzählte mir in einem Café am Rande Den Haags, daß Franz fragen ließe, warum ich seine Lieder nicht sänge. Ob ich den Erlkönig vergessen hätte? Ich mußte die Antwort schuldig bleiben, lauschte aber gebannt ihren Erzählungen und Erfahrungen mit dem Geist des verstorbenen Komponisten. So erzählte sie, daß Schubert Beethoven täglich getroffen habe. So wie: Bob Dylan meets Jacques Brel. Schubert besuchte den Meister, kurz bevor der starb. Sie beschrieb mit viel Gefühl für die Details das Leben des ewigen Logiergastes und Junggesellen, der Schubert gewesen sein mußte. Beeindruckt von all den bizarren Informationen fuhr ich zuerst fast in einen Graben und dann mit klopfendem Herzen nach Harmelen zurück.

Am Abend hörte ich Dietrich Fischer-Dieskaus »Winterreise«. Ein dunkler Spiegel, in dem für mich die Perfektion dominierte. Nichts von dem fand ich wieder, was ich auf de Boorders Koffergrammophon gehört hatte. Nicht die Hufe durch den Sand, die Nacht, den Wind, die Todesangst.

»Sprache ist Kommunikation«, hatte de Boorder verkündet. Ein Gedicht, ein Lied, nichts anderes als ein Brief. An wen? Für wen hatte Franz Schubert all die verblüffende Musik geschrieben?

»Für die Natur«, hatte er seinem Bruder einst in einem Brief mitgeteilt, wie ich in einem zerknitterten Büchlein las, das ich auf einem Trödelmarkt in Frankfurt fand. Alles gab er der Natur. Jede Melodie, jede Wendung, jede Harmonie ein Geschenk für die Natur, für die Welt. Gottes Geschenk.

So nur kann man Schubert singen. Für die Bäume, für die Wolken, für die Pflanzen und die Blumen, so wie sie in Afrika trommeln für die Erde. Um ihr dafür zu danken, daß es sie gibt. Begleitet von drei Frauen – Edith Leerkes, Olga Franssen und Tini Mathot – sang ich Schubert. »Du bist die Ruh'« und andere Biedermeier-Hits. Einfach mit Gitarre und Hammerklavier. Ein Bukett aus Liedern auf einer schimmernden kleinen Scheibe, verpackt in eine praktische Hülle. Eine CD, gewidmet Tjeerd de Boorder, meinem Deutschlehrer an der IVO-Schule in Utrecht. Samstagmittag bekam er die CD ins Haus geliefert. Sonntag starb er. Der zerstreute Mann, den wir eine Schulzeit lang den Erlkönig genannt hatten.

Großer Bär

Um ein oder zwei Uhr nachts
kam Gott zu uns an die Tür
– Guten Abend, ich bin Gott –
ein junger Mann von ungefähr
siebenundzwanzig
auf Sandalen
spindeldürr
mit langen Haaren
graublauen Augen
einem Gebiß wie ein Fahrradständer
schwarzen Nägeln
und stoned.
Wir sahen gemeinsam etwa zwanzig Minuten
zum Himmel
er ließ mich begreifen
was er alles gemacht hatte.
Den Mond
die Sterne
die Wolken
beschrieb mir die Gesichter
und die Landschaften
die da hoch oben
an uns vorbeizogen.
Aus seiner Hosentasche fischte er
einen Prospekt, auf dem ein Mädchen
mit frischgewaschenen Haaren
auf ein Shampoo zeigte.
Hatte er auch gemacht
ihren Mund

ihre Augen
ihre Nase
alles
unser Haus
die Fahrräder
die Mülltüten
mich.
Jeden hatte er gemacht.
Ihm machte die Arbeit Spaß.
Er erzählte mir auch
daß er zuerst Eva erschaffen hatte
daß ich mir keine Sorgen machen müßte
über die Zukunft
daß er alles in Ordnung bringen würde.
Er war ja gerade erst zurück
von dort.
Er zeigte in Richtung
des Großen Bären.
Er war sehr müde
die ganze Nacht beschäftigt gewesen
mit dem Wegholen von Bibeln aus den Kirchen.
An ihre Stelle hatte er
Guust-Flater-Comicstrips hingelegt.
Hatte kein Haus
wohnte nirgends
ging nur ein bißchen umher
warum, wußte er eigentlich
nicht.
Ich gab ihm die Hand
und einen kleinen Vers
den ich mal gemacht hatte.

Er las ihn
und sagte
daß er
ihn toll fände
daß er das
sehr schön durch mich
geschrieben hätte.

Gott ist die Farbe des Apfels
Gott ist das Erröten auf einer Wange
Gott ist der Schmerz in der Kehle
wenn man die Tagesschau sieht
Gott ist der ganze Weg
die Melodie des Meeres
der Duft auf dem Wind
das steinalte Kind.

Nackig

Mein Opa väterlicherseits war Getreidehändler, ein Importeur für Eau de Cologne und Prediger der Pfingstgemeinde. Er sprach in Parks, Sälen und auf Plätzen über seine Liebe für den Herrn. Und las bombastisch aus der Bibel vor. In meinen Augen war er ein Riese. Viel größer als mein Vater und erst recht größer als meine Oma. David und Goliath. David kochte und Goliath sprach, las, deklamierte donnernd vor dem Essen so lange, bis das Fett auf meinem Teller im Binnenmeer meines aufgebauten Sauerkohldeiches erstarrte. Wir, meine Schwester und ich, saßen an dem kleinen, runden Tisch in der Mitte von Opa und Omas Wohnzimmer. Und lauschten, meistens ängstlich, dem Giganten mit der Bibel in der Hand. Nur wenige Worte aus diesem dicken Buch sind mir fremd. Ich hörte sie Stück für Stück aus seinem Mund rollen. Mittwochs, sonntags, mittwochs, sonntags. Jahraus, jahrein, bis er an einem Schlaganfall starb. Gott würde jeden holen. Alle würden wir zur Rechenschaft gezogen werden. Gott sah alles. Ich hielt das für eine abscheuliche Idee. Also sah Gott auch die Sachen, die ich über meinen Nagel wegschnippte. Gott sah alle Äpfel, alle Kekse, alle Katjes-Salmiakpastillen, das Süßholz, das ich stahl. Gott wußte von allen schlechten Dingen, die ich dachte. Und am allerschlimmsten fand ich, daß Gott mich immer in meinem Adamskostüm sah. Gott, ich konnte ihn überhaupt nicht leiden. Ich wollte nicht, daß es ihn gibt! Er verwirrte mich. Unbegreiflich, daß jemand, den es nicht gibt, so gegenwärtig ist in allem: dem Stadtbild, dem Bücherschrank, dem Friedhof, dem Schornstein, dem Weihnachtsbaum, unweigerlich. Als Kind wollte ich ihm oder ihr einmal schreiben.

Sehr geehrter Gott,

wie geht es Ihnen?
Mir geht es sehr gut.

Ich bin versetzt worden und kriege zum Geburtstag von meinem Vater und meiner Mutter ein Kettcar. Die Klingel war das Geschenk von meinen Schwestern. Auf den Pedalen sind Klötze, aber die kommen bald wieder ab. Onkel Frans sagt, ich wachse wie Kohl.

Was ich Sie fragen wollte: Hatte der Adam einen Nabel? Auf der Zeichnung in der Staatenbibel hat er einen. Und das ist meiner Meinung nach falsch.
  Einige Menschen sagen, darunter der Vater meines Vaters – und der wußte es bestimmt –, daß Sie die Welt gemacht haben. Sie ganz allein. Dann müssen Sie wohl absolute Spitze sein. Wenn man das kann: die ganze Welt machen! Und dann sagen die Menschen auch noch, daß Sie das in einer Woche getan haben. Unvorstellbar. In einer Woche die ganze Welt, die ganze Erde. All die Kiefernnadeln,

all die Wassertröpfchen, all die Sandkörner, all die Fischgräten und die Augen der Tiere. Das scheint mir noch das Allerschönste: Augen machen, vor allem die von Kühen. Die sind so groß und still, wie kleine Teiche, die gucken. Auch alles in der einen selben Woche gemacht. Ich kann nicht mal ein Ferkel malen. Und das ist doch ein ganz einfaches Tier.

Am letzten Tag der Woche haben Sie einen Menschen gemacht, und der Mensch sollte Ihnen gleichen wie ein Tropfen Wasser dem anderen. Also sehen Sie aus wie ein Mensch. Aber dann wohl ein Wundermensch, wenn man so viel kann. Adam nannte Sie: der Mensch.

Ich hab das in dem Lexikon von Opa gefunden. Adam bedeutet: der zur Erde gehört. Also am Ende der Woche, als die ganze Welt fertig war, ließen Sie den Menschen los auf Erden, in seinem Adamskostüm. Ein Mensch ganz allein auf der Welt, ohne Straßen, ohne TV, ohne Häuser, ohne Autos, ganz allein in seiner Bude. Nur mit Bäumen, Bergen und Tieren um sich herum. Ein Mann ohne Papa, ohne Mama, ohne Brüderchen und ohne Schwesterchen.

Warum haben Sie das getan? Das ist doch nicht schön, einem so viel Platz zu geben. Als ob man Hänschen von den Nachbarn, der gerade fünf ist, einen Filzstift und ein Zeichenblatt so groß wie ein Fußballfeld gibt.

Vielleicht haben Sie die Welt gemacht wie wir eine Sandburg hinklatschen, weil wir ja wissen, daß ir-

gendwann die Flut kommt. Vielleicht langweilten Sie sich und hatten Lust, etwas zu basteln. Oder vielleicht ist es nicht wahr. Gibt es Sie überhaupt nicht, sind Sie eine Fata Morgana. Haben die Leute, die das sagen, sich alles ausgedacht. Nur so, weil sie das schön fanden, sich etwas auszudenken.

Was die gläubigen Menschen noch sagen: daß Sie in einem gegebenen Moment ein Paradies weggaben, ein Paradies an den Adam. Ein Paradies, das ist doch total perfekt, das ist eine Art Traum, das ist etwas, das wir alle ersehnen. Das ist ein Stückchen Erde, wo alles ganz okay ist, fertig ist, vollkommen. Wo man das Wasser aus dem Fluß trinken kann, wo Äpfel ungespritzt sind und Birnen an den Bäumen wachsen, wo Tomaten und Weintrauben wie Ohrringe an Zweigen hängen, wo Apfelsinen, Nüsse, Zitronen, Gurken, Erbeeren überall um einen herum wachsen, damit man sie genießt. Spielt man einen Gaukler, hat man eine Tomate. Spielt man einen Zauberer, hat man eine Apfelsine. Braucht man nicht mehr zum Selbstbedienungsladen, denn alles wächst um einen herum. Und vor den Tieren braucht man auch keine Angst zu haben. Denn auch die haben Essen genug, also überhaupt keinen Bock auf so'n zähen Menschen.

Und Sie sollen zu Adam gesagt haben: »Dies Paradies ist für dich, um darin zu wohnen. Aber du mußt es gut bewahren. Und sieht du den Baum da?« sagten Sie damals, »den Baum mit all den *leckeren Birnen*? Das ist der Baum der Erkenntnis. Das ist der Baum von Gut und Böse. Nicht von irgend einer Erkenntnis, nein, von der Erkenntnis. Von allen Bäumen darf man essen, außer von diesem einen Birnbaum. Ißt man eine Birne von diesem Baum, dann stirbt man.« Warum?*

»Tsss«, soll da die Schlange gezischt haben, die sich unter den Büschen aufgerollt und zufällig alles angehört hatte. »Schön ist das, jemand, der alles machen kann, macht auch einen Baum, von dem man nicht essen darf. Das ist besonders merkwürdig«, zischte die Schlange zu sich selbst, »warum sollte der Gott so was tun? Was steckt dahinter?« Die Schlange ist mir ein bißchen ähnlich. Sie fand auch alles ganz merkwürdig.

Dann sah die Schlange, laut der Worte in der Bibel, daß Sie noch einen Menschen machten. Schwuppdiwupp. Mit einer Handbewegung. Wie man einen Wasserhahn aufdreht. Eva nannten Sie sie, als sie

---

* Birnen: In Genesis III ist die Rede von Früchten. »Habt ihr manchmal von den Früchten gegessen, die ich verboten hatte?« sprach Gott zu Adam und Eva. Nie war da die Rede von Äpfeln. Die Maler haben die »Früchte« verändert in »Feigen«. Wahrscheinlich, weil die Bibel im Laufe der Jahre für möglichst viele Menschen verständlich werden mußte. In »Theory and Practice of Translation« – Tiel, Betuwe, 1920 – stellt sich heraus, daß ein Drucker von Gods Woord, Flip J. te Distelrooi, »Früchte« sehr frei als »Äpfel« übersetzt hat. In einer südamerikanischen Ausgabe ist die Rede von »Bananen«, in einem philippinischen Druck spricht man von »Kokosnüssen«.

fertig war. Das heißt: »Die zu uns gehört«, und sie ließen Sie auch los ins Paradies, auch ohne was an. Also gab es auf einmal zwei Menschen, zwei Menschen in ihrer Bude, in ihren zwei Kostümen ohne Stoff.

Adam schaute verwundert auf, als er dann plötzlich Eva sah, die ihm sehr ähnlich war und doch wieder nicht. Eva hatte zum Beispiel zwei Brüste, und da, wo bei Adam der Pimmel war, war bei Eva nichts. Na ja, ein bißchen, eine Art spannendes Hügelchen. Adam mußte sich mühsam dran gewöhnen.

Doch fanden sie sich nach einiger Zeit lieb, und eines schönen Tages – natürlich, denn einen Scheißtag gab es nicht in dieser wundersamen Welt – saßen Adam und Eva im Schatten eines Baumes und plauderten ein bißchen. Wie sie ihr Haar tragen sollte beim Abendspaziergang.

»Offen«, sagte Adam.

Und Eva sagte, während sie wahrscheinlich mit der Hand durch ihre langen Locken fuhr: »Hast du all die schönen Birnen gesehen an dem Baum? Soll ich für dich mal eine pflücken?«

»Gern«, sagte Adam, »aber nicht von dem Baum, denn das ist der Baum der Erkenntnis und der Baum von Gut und Böse. Von diesem Baum dürfen wir keine Birnen pflücken.«

»Wer sagt das?« fragte Eva.

»Gott, Gott sagt, daß wir davon nicht essen dürfen.«

44

So klein ist man im Paradies – auf Java (Indonesien)

»Und wenn wir das doch tun?«

»Dann sterben wir!«

»Sagt Gott das?«

»Ja«, antwortete Adam, »das sagt Gott.«

»Aber warum?«

»Ja, das weiß ich nicht.«

» Vielleicht war es ein Witz?«

»Nein, nein, nein, Eva«, sagte Adam, »Gott blickte ganz, ganz ernst, als er das sagte, und er zeigte mit seinem Zeigefinger auf mich.«

Eva fand das alles nur merkwürdig. So viele Birnbäume, aber von dem einen, nicht mal dem schönsten, durfte man nicht essen.

Abends wusch sich Eva gerade im Fluß, als die Schlange ihren Kopf durchs Schilf steckte. »Ha, die Eva«, zischte sie.

»Ha, die Schlange«, sagte Eva, »kommst du auch schwimmen? Soll ich dir den langen Körper einseifen?«

»Lieber nicht«, sagte die Schlange, »ich hab mich letzte Woche schon gewaschen. Das mit den Birnen ...«

»Welche Birnen?«

»Die, äh ... die man nicht essen darf.«

»Ach die, verrückt, was ? Warum sollte ich die nicht essen dürfen?«

»Das liegt doch auf der Hand«, sagte die Schlange, »wenn man die Birnen ißt, wird man genauso schön wie Gott, wird man sein Spiegelbild. Kannst du auch alles machen.«

»Alles?« fragte Eva.

»Ja, einfach alles. Und dann wird Gott eifersüchtig. Denn dann ist er nicht mehr der einzige, der alles kann, verstehst du? Dann wird nicht mehr so viel über ihn geredet.«

Eva guckte die Schlange mit großen Augen an. Sollte das wahr sein? Man stelle sich vor: alles können, alles zaubern. Man mußte nur so 'ne komische Birne essen, das klang nicht blöd. »Wirklich wahr?« fragte Eva.

»Wirklich wahr«, lispelte die Schlange.

Eva stieg ans Ufer und ging zum Birnbaum mit den verbotenen Birnen. Ohne zu zögern pflückte sie eine Birne und nahm einen großen, saftigen Bissen zu sich. In dem Moment kam Adam angelaufen. Er wurde weiß um die Nase, als er sah, was Eva gerade tat. Aber es war zu spät. »Tu's nicht, Gott hat doch gesagt, daß ...« rief Adam.

»Ach, das ist gar nicht wahr!« Und Eva erzählte, was die Schlange gesagt hatte, und Adam war davon ernsthaft verwirrt. »Du siehst doch«, sagte Eva, »es passiert nichts. Ich bin noch normal ich. Die Birnen schmecken herrlich. Hier, nimm auch einen Happen. Sie sind genau wie die anderen.«

»Ja, wie all die anderen«, zischte die Schlange.

Adam nahm auch einen Happen, und dann ... Und dann wurde es auf einmal dunkel wie im Cinedom. Seltsam, es war noch früh am Abend. Normalerweise wurde es viel später dunkel. Es fing an zu wehen, es wurde kalt. Nicht nur draußen in der Natur, sondern auch in Adam und Eva. Sie zitterten, bekamen Angst. Sie schämten sich. Das war besonders seltsam, denn Angst hatten sie noch nie gehabt, und Kälte kannten sie auch nicht. Und Schämen, davon hatten sie noch nicht mal gehört! Sie versteckten sich wie Ameisen unter den Blättern. Würde es denn doch wahr sein, was Gott gesagt hatte? Würden sie jetzt sterben?

»Ja!« In Gedanken höre ich wieder die strenge Stimme meines Großvaters. »Warum habt ihr von den Birnen gegessen?« Eva erzählte, was die Schlange gesagt hatte. Adam erzählte, was Eva gesagt hatte. Und die Schlange? Die sagte nichts. Die glitt leise von dannen.

»Und ich hatte es euch doch verboten«, sagten Sie. »Ich kann nicht anders als euch bestrafen. Ihr müßt weg von hier. In die Welt. Ihr müßt sehen, wie ihr damit fertig werdet. Dies Paradies ist jetzt geschlossen, vielleicht für immer und ewig.«

»Und werden wir jetzt sterben?« fragte Eva mit kleiner Stimme.

»Ja«, murmelten Sie dann, »nicht sofort, aber viel später schon, wenn ihr alt seid und viele Kinder habt. Aber hierher zurückkommen, das dürft ihr nicht. Das ist schade, denn ein Paradies ist nicht einfach ein Paradies.«

Weiß noch, daß ich dachte, als ich das kleine Bild von Eva mit dem Apfel in der Staatenbibel sah:

süße Maus. Von der würde ich nicht die Finger lassen.

Sehr geehrter, nicht existierender Gott,
   deshalb schreibe ich Ihnen.
   Ich bin jetzt dreiundfünfzig.
   Kaum zehn Jahre jünger als mein Großvater, als er von Ihnen erzählte. Die Strafe, die Sie den Menschen gaben, wann ist die vorbei? Sie wissen, wo Sie mich erreichen.

   P.S.: Bitte nicht, wenn ich nackig bin.

Auf dem Rand

Man schwimmt
kein Fisch
kein Hund
und hat doch
Pelz
und dunkelbraune
runde Augen
sanft
umflorte Wasserlöcher

Bewegt sich
auf dem Sand
wie ein Ertrinkender
sucht sich Felsen
um sich zu sonnen
klatscht in Flossen
um Damen
zu gefallen

Verwundbar
ist man
am Ufer
wendig
im Wasser
in beiden Elementen zu Haus
existiert man
auf der Grenze
von Meer
und Sand

wie ein Belgier
lebt
auf dem Rand
von Sprachen.

Durch Belgien

Oberhalb von Breda, unterhalb von Maas und Waal und Rhein, liegt Belgien. La Belgique. Zwischen Deutschland und Nordsee. Unter Holland, über Frankreich. Neben dem Großherzogtum Luxemburg. Ein Land, nicht viel größer als das unsere.

Voller Städte mit Burgtürmen, Rathäusern, Tuchfabrikhallen, Gildehäusern, Stadttoren, Kirchtürmen – steinernen Zeugen einer unglaublichen Zeit. Man spricht dort drei Sprachen: flämisch, eine Schwester des Niederländischen, wallonisch, eine Art Französisch, und im Osten spricht eine Minderheit germanisch.

In Belgien wohnen neben den Belgiern viele Niederländer, Franzosen und Deutsche. Oft nur deshalb, weil sie da weniger Steuern als in ihren Heimatländern zu zahlen brauchen. Solche Leute sind clever und haben meistens Probleme mit dem Herzen. Belgische Männer haben oft braune Zähne und schauen fröhlich drein. Belgische Frauen hab ich als ruhig und klug kennengelernt, und sie haben ungewöhnlich prächtige Brüste. Einige durfte ich zärtlich anfassen. Die Brüste von Lisette sind für mich bis heute die schönsten. Fest und doch unendlich weich.

In Flandern, dem Teil des Löwen, stehen die alten Backsteinhäuser mit dem Rücken zur Nordsee, mit strammem Hintern im Westwind. In Wallonien stehen die Häuser mit der Vorderseite zur

Straße, damit sie immer sehen können, wer da nach Frankreich fährt. So groß die Fenster in den Niederlanden sind, so klein sind sie in Belgien. Merkwürdig, bei uns und ein bißchen weiter oben in Belgien kann man von außen quer durchs ganze Haus sehen, aber zwanzig Meter landeinwärts ist es vorbei mit dem Durchblick. Sieht man nur noch Menschen raus- und reingehen. Und was sie tun und wie sie leben, bleibt dem neugierig zur Seite blickenden Radfahrer verborgen.

Saust man über die A1, kommt man nach einer langen, faden Bucht über Merksem nach Antwerpen. Es ist die große Stadt der Binnenradfahrer, der nationalen flämischen Sänger, der mit Diamanten handelnden Juden. Schon im Mittelalter war diese Scheldestadt das finanzielle Herz von ganz Europa. »Glücklich ist das Land, wo's Kind sein Moor verbrannt« ist ein alter Spruch, den Joost van Vondel einst schrieb. Ich würde, wäre ich ein Flame, Herman van Moor heißen. Moor heißt ja bei uns Veen. Der Flame hat wie der Holländer sein Land ausgeräumt. Abgetragen. Verbrannt und verschachert. Bis unter den Meeresspiegel. Von wegen tapferes Volk, das gegen die Wellen kämpft! Die Brandung lacht euch aus. Flanderns Kirchenglocken klingen hohl. Gott zuckt die Schultern und pfeift. So hoch eure Türme auch sind, so dick eure Mauern, sie werden fallen, früher oder später. Es gibt kein Mittel gegen das Waschen des Wassers.

Folgt man dem Weg nach Sint-Niklaas, dann

kommt man an die Küste. Die kurz ist. Ohne unberührte Strände. Ein langgestreckter Badeort. Man kann da promenieren, siebzig Kilometer weit. Vorbei an Hotels, Hochhäusern, Cafès, Läden, Restaurants – tagelang. Auf den Bänken sitzen Mütterchen, pensionierte Soldaten, Fischer ohne Boote. In Ostende, auf der Hälfte der Strecke, wohnte einst, in der Vlaanderenstraat Nummer 66, der Maler Ensor, der die Bestie aus dem Meer kommen sah, die laut Bibel die Nummer 666 trägt und Apokalypse bedeutet.

Benebelte Gläubige, ein bunter Zug, mit Kindertrompeten, klingenden Schellen, mit Kreuzen und mit Blut, dem Tod, Maria und den Lilien und an der Spitze ein katholischer Narr. Ensor sperrte den Wahnsinn ein in Farbe. Und nagelte seine Bilder an die Wand, so wie sie Christus ans Kreuz genagelt hatten. Keine Stunde von der Küste entfernt liegt Ypern von den Toten, der letzte Posten. Verwüstete, wieder aufgebaute Tuchstadt, wo allein schon fünfundfünfzigtausend britische Männer für den sovielten Frieden starben. Wer will das noch wissen? All die Kreuze, all das Blut, die dunklen flämischen Felder der Ehre. »Ach, mein Herr«, sagte der alte Mann über seinem Witteke-Bier, »Frieden ist nichts anderes als eine Periode des Betrugs zwischen zwei Perioden des Kämpfens.« Mit dem Zug donnert man vorbei an Reihendörfern, freistehenden Gebäuden, Werbeschildern, die Überfluß anpreisen. Unter oberirdischen Telefonleitungen hindurch, vorbei an unregelmäßigen

Parzellen, welligen Hergé-grünen Weiden. Riesige Pappeln schützen Kühe vor strömendem Regen. Der Zug hält. Eulenspiegels, Janssens, Streuvelsens, Brels, Jansens, Pallieters steigen ein und aus. Man ist in Löwen. Verwittertes Spielzeug des Herzogs von Brabant. Stadt des Wissens, Stadt der Schulen, Stadt des Sprachenstreits. Wir zogen in den sechziger Jahren gemeinsam los gegen Studenten, die mit wallonischen Parolen unser Publikum aus den Sälen lockten, und das wir stolz wieder rein prügelten. Einige Plätze im Herzen der Stadt hatten eine wallonische und eine flämische Seite. Eine unsichtbare Schneise verlief praktisch quer durch das wunderschöne gotische Löwen. Es erscheint heute unvorstellbar, daß Wasserkanonen eingesetzt, Knüppel blank gezogen wurden, um die »Unterschiede« auseinanderzutreiben. Wir standen da, Frans, Jan, Pieter und ich, nebeneinander beim versteinerten Haufen ungezogener Kinder, die mit hölzernen Vorschlaghämmern in den Sand geschlagenen worden waren. Ja, Kindsköpfe waren das. Jetzt, da ich das aufschreibe, wird mir klar, daß Frans Verleyen tot ist. Daß Jan Geysen tot ist. Was aus Pieter geworden ist, das weiß ich nicht. Vielleicht lebt er wieder in Sint-Niklaas. Und wohnt in einer Bibliothek mit Frauen. Wo er trinken und den Mädchen vorlesen kann aus deftigen Geschichten von Louis-Paul Boon.

Halte am Ende der Kalmthoutse Heide, beim dritten Kaninchen rechts. Da steht auf einer Kreuzung zwischen einer Kirche und einem Café eine

Frittenbude. Kaufe von der Frau aus dem zeitlosen Bilderbuch eine Tüte Fritten und lasse sie über die gevierteilten Kartoffeln einen Klacks Mayonnaise klatschen.

Aß in Japan Sushi,
aß in London Lamm,
aß in New York Prime rib,
und in Hongkong Zunge,
aber nirgendwo auf der Welt ißt man solch um-
werfend vorzügliche Vlaamse friet wie bei Riet.

Fahre Richtung Paris nach Mons, Zentrum der Borinage. Wallonischer Prügelplatz, wo französischen Königen immer wieder Einhalt geboten wurde. Arrêtez. Rücke vor bis auf Los. Streichle über den Kopf eines Affen, signe du grand garde, und du findest vielleicht wie ich eine Frau, die du heiratest, bei der du bleibst, mit der du couchierst.

Biege via Bastogne nach Bastenaken ab. Erfahre etwas von der Weihnachtsoffensive, als siebenundsiebzigtausend Amerikaner für wieder einen anderen Frieden umkamen. »Idioten«, sagte der amerikanische Eisenfresser, entfernter Neffe von Kapitän Haddock, als die Deutschen ihn zur Übergabe aufforderten.

Nuts, Mars, Spa, geh über Namen nach Westen. Entdecke hinter uralten Buchen des Zonieenwaldes Brüssel. Insel inmitten Belgiens. Wo Wasili und Bruegel noch begraben liegen. Sieh die goldbemalten brabantischen Gildehäuser. Wohne, wenn es der Geldbeutel erlaubt, im Astoria. Und trink auf dem Großen Markt, wo ich einst einen alten Mann versteckt hinter Gläsern sah. Unendlich zufrieden wirkte er. So will ich sterben, dachte ich damals. Vergessen und glücklich. Mit einem gesunden Gefühl für Tumor. In einer Kneipe, umringt von leeren Flaschen. Und knapp über sechzig sag ich: »Das war's dann. Ich bin nun hundertzwanzig. Und ein zufriedener Mann. So darf mich der Tod holen.«

In Belgien.

Ode

Als ich 21 war
sang ich schon Ihre Zeilen
von zweien, die sich so lang schon mögen,
dem Mut, ein Jude zu sein
dem alten Mann mit der kaputten Nase
der Hure mit Ringellocken
den Rittern vom Goldenen Vlies
den wallonischen und den flämischen Bauern-
    säcken
tanzte ich zu Ihren Refrains

Ich sang Sie gut
ein Vierteljahrhundert lang
in Hallen, Sälen
Theatern
und auf Plätzen

Bei Regen, Wind
durch Spots fast blind
in Amsterdam,
Paris, Berlin
in New York
auf den Philippinen

Weiß ich, ob Sie mich hör'n
im Himmel oder in der Hölle
da oben bei den Sternen?
Singen Sie für Engel
oder zitternd beim Fegefeuer?

»Ich sang Sie gut ein Vierteljahrhundert lang«

Sind Sie der Minnesänger vom Lieben Gott?
Mephistos Troubadur?
Sind Sie es, der mich sieht?
Ich weiß es nicht

Bin ich ein entfernter Sohn
dessen Mutter
keiner kennt?
Rosa, Rosa, Rosam
ein ganz normaler Fan
oder Pilger
auf dem Weg zum Olympia?

Ich sang Sie gut
ein Vierteljahrhundert lang
in Hallen, Sälen
Theatern
und auf Plätzen

Bei Regen, Wind
durch Spots fast blind
in Amsterdam,
Paris, Berlin
in New York
auf den Philippinen

Doch wenn ich wieder
im warmen Frühlingssturm
den Beifall höre
der niederfällt
vom Balkon

und aufsteigt aus dem Parterre
und dank ich dann
dem hochverehrten Publikum
klopft ständig
in meinem Herzen eine Stimme
die sagt:
Und ich dank Ihnen, mein Herr
Jacques Brel,
ik dank u wel.

Brel

Jacques Brel hatte 1969 mit François Rauber ein Musical für Kinder geschrieben, »Reise zum Mond«, »Voyage sur la lune«, eine musikalische Komödie. Der Producer, jemand von der Muntschouwburg in Brüssel, ließ mich wissen, daß die Hauptrolle, eine Art Tim (wie in »Tim und Struppi«), vielleicht etwas für mich wäre. Fuhr nach Brüssel in meinem brandneuen hellblauen Renault 4. Ohne Führerschein, weil ich es nicht für möglich gehalten hatte, daß man bei der Fahrprüfung auch durchfallen konnte. Das Auto hatte ich schon. Das Losfahren hatte eigentlich ganz vortrefflich geklappt, aber gerade bevor ich die Kurve zum Pfannkuchenhaus nehmen wollte, überquerte ein großer schwarzer Hund die Straße. Sah das Tier zu spät, bremste also zu scharf, wodurch der Fahrprüfer mit der Stirn gegen die Windschutzscheibe schlug. Wir fuhren damals noch ohne Sicherheitsgurt. Ohne Führerschein also nach Brüssel.

In der Muntschouwburg mußte ich im Foyer warten. Neben mir saß ein junger Mann, ein sehr gepflegter. In einem piekfeinen, dunkelblauen Anzug, hellgrauem Hemd mit gestärktem weißen Kragen und einem roten Schlips, vollbedruckt mit Violinschlüsseln. Ein französischsprachiger Belgier, der überzeugt davon war, daß er die Rolle kriegen würde, daß sein Vorsingen nur eine Formalität sei. Als er sagte »Vorsingen«, stand mein

Herz einen Augenblick lang still. Vorsingen? Ich hatte geglaubt, ich sollte vorbeikommen, Brel kennenlernen, ihm die Hand geben, einen Vertrag unterzeichnen, kurz ein Bierchen trinken, dann nach Hause zurückfahren und allen erzählen, daß ich die Hauptrolle in einem Musical von keinem geringeren als Jacques Brel hätte. Daß ich eine Art Tim spielen würde, der wahrscheinlich zum Mond fliegen sollte mit einem gewissen Professor Sonnenblume. Dort würde ich Abenteuer erleben mit einer mondischen Schönheit, und das alles zu Text und Musik des von mir abgöttisch verehrten Meisters des Chansons: Brel, Jacques.

Wie ein Pilger war ich einmal mit dem Zug nach Knokke gefahren ohne Fahrkarte, ohne Geld, nur um mir draußen sein Plakat anschauen zu können. Um zu wissen, daß er an diesem Abend singen würde, dafür hatte sich die in jenen Tagen lange Reise schon gelohnt. Es gab ja keine Autobahn, alles ging über Brasschaat. Über Antwerpen und Gent holperte man bis an die Küste, wobei man dauernd umsteigen mußte.

Vorsingen? Würden sie das von mir erwarten? Wieso, in Gottes Namen? Ich geriet in Panik.

»Jean-Louis?« Der junge Mann neben mir stand selbstsicher auf, grüßte mich höflich und verschwand durch die Tür zur Bühne. Ich stand total nervös auf und lauschte wie ein eifersüchtiger Sopran an der Tür. Hörte leise ein Piano die ersten Takte von »La Mer«* spielen, berühmtgesungen von meinem anderen Idol, dem Erfinder der One-Man-Show, Yves Montand.

La Mer
Qu'on voit danser
le long des golfes clairs
a des reflets d'argent
La Mer
des reflets changeants
sous la pluie

Der Belgier sang unheimlich schön. So gut, daß ich fast das Gefühl bekam, einen Regenschirm aufzuspannen. Mir wurde schlecht, und ich machte mich davon. Draußen war plötzlich ein strahlender Tag, ich mußte mich fast übergeben. Schämte mich und ging wieder rein. Ein paar Menschen hörte ich applaudieren. Ob Brel da auch saß und klatschte? Wieder eine Übelkeitswelle.

Jean-Louis kam mit einem erhitzten Gesicht und einem breiten Grinsen zurück ins Foyer. »Erman fan Feen. Du bist dran.« Ich machte ein Geräusch, als ob jemand den Stöpsel aus der Wanne zog, fummelte an meinen Haaren herum, als ob das irgendeinen Unterschied machte, und ging zögernd auf die enorme Bühne. Mitten im Saal, hinter einem großen Tisch, saßen fünf kaum wahrzunehmende Menschen. War einer von ihnen

---

* »La Mer« wurde geschrieben von Charles Trenet.

Bin ich Ihnen jemals begegnet, Jacques Brel?

Jacques Brel? Ich dachte, ich würde ohnmächtig werden. Wie eine Salzsäule stand ich am Rand der Bühne. Ich, die Entdeckung der Niederlande, Komet am Theaterfirmament, ganze Bündel glänzender Kritiken in der Schublade, Nummer Zwei in der nationalen Hitparade. Ich stand da und bekam kein Wort heraus – wie einst Toon Hermans, als er spielte, daß seine Taube tot wäre.

Was mußte ich tun?

»Und?« sagte leise eine Männerstimme. Und dann gehn wir zum Spielplatz, dachte ich, das ist für uns Kinder das Schönste, was es gibt. »Und?« sagte die Stimme wieder. »Was werden Sie uns vorsingen?«

»Ich kann nicht singen«, hörte ich mich sagen. Meine Knie zitterten jetzt so heftig, daß ich dachte, mein Gehirn würde mir aus dem Schädel geschüttelt.

»Sie können nicht singen?« sagte die Stimme ungläubig.

»Na, ich meine: Ich hab wohl Gesang studiert, aber ich kann nicht singen.«

»Sie haben Gesang studiert und können nicht singen?«

Aus dem Augenwinkel sah ich, daß ein Flügel auf der Bühne stand.

»Da ist kein Pianist«, sagte ich, als würde ich laut den Titel eines Buches vorlesen.

Wahnsinn. Welche Erleichterung. Genial. Es war kein Pianist da. Mir wurde ganz warm vor Glück. Ich war gerettet. Würde weggehen, sagen, daß ich etwas vorbereiten und mit Begleitung wiederkommen würde. Eine Gestalt, die hinter dem Tisch saß, stand auf und kam durch den Mittelgang auf mich zu. Mit offenem Mund sah ich das geschehen. Es würde doch nicht wahr sein?

Der Mann kletterte auf die Bühne. Er sah mich freundlich an. Ich versuchte, auch besonders freundlich zurückzugucken. »Ich bin der Pianist«, sagte der Mann irgendwie in mein Ohr, »haben Sie eine Partie? Was wollen Sie singen?«

»Ich hab keine Partie.« Wieder begann ich zu zittern. »Ich hab keine Partie.«

»Sie haben keine Partie. Was wollen Sie dann singen?«

»Das kennen Sie nicht«, murmelte ich.

»Wie muß ich das dann spielen?«

»Das können Sie nicht spielen, denn ich kann es auswendig.« Eine neue Logik entstand.

Ich schwitzte langsam wie ein Otter. Ja, das war kompliziert, das sah ich auch ein. Der Mann suchte mit den Augen Hilfe bei den Figuren hinter dem Tisch.

»Können Sie etwas à capella singen?« fragte eine Frau. A capella, das war natürlich die Lösung. Ohne Begleitung. Allein. »A capella«, sagte ich und nickte. Der Pianist stieg von der Bühne und ging wieder in den Saal. Ich würde jetzt etwas à capella singen, ganz allein in dem riesigen Saal für die Menschen hinter dem Tisch. Einer der Menschen war vielleicht Jacques Brel. Wieder eine Übelkeitswelle. Ich wollte nicht zum Mond. Ich wollte die Rolle nicht, wenn ich à capella singen mußte. Ich wußte nicht mehr, ob das sagte oder dachte. Ich stand einfach da.

»Sie sind doch Herman van Veen?« sagte jetzt eine strenge Stimme. Ich bekam einen Lachanfall.

Ich hatte die Lösung gefunden. Und die lag in der Frage. Es handelte sich hier eindeutig um ein Mißverständnis. Die Menschen hinter dem Tisch dachten ganz ehrlich, ich sei Herman van Veen.

»Es muß hier ein Mißverständnis vorliegen«, sagte ich mit unerklärlicher Sicherheit, »ich versteh' das auch nicht. Mein Name ist anders, ich bin jemand anderes.« Ich sagte Guten Tag und stiefelte davon.

»Sind Sie meinem Vater jemals begegnet?« fragte Brels Tochter neulich in einem Brief. Hoffentlich nicht, dachte ich.

Ich will keine Hilfe

Du wirst geboren.

Sechzehn Jahre später
stehst du
an der Ecke
der Straße.
Es regnet.
Du hast überall Schmerzen
und du weißt nicht
woher das kommt.

Autos
fahren
langsam
an dir vorbei.
Ein Mercedes hält an.
Die Scheibe sackt
automatisch nach unten.
Der Mann hinter dem Lenkrad
fragt: Wieviel?
Du flüsterst
er nickt
du steigst ein
und er fährt
zum dunklen Parkplatz
hinter dem Olympia-Stadion.
Klappt seinen Sitz nach hinten
nimmt deine Hand
und bringt sie

an seinen Hosenschlitz.
Er stöhnt
du hilfst ihm
er hilft dir
mit fünfundsechzig Gulden.

Du schwankst
zu Freunden
im Stadion
kaufst einen Schuß

Einfache Fahrt
Himmel.

Gott, glühender Gott
ich schäm' mich so
ich schäm' mich nicht.

Christus
ich will keinen Trost
warum tröstest du mich nicht

Mutter
ich will keine Hilfe
warum hilfst du mir nicht?

Autogramm

»Machen Sie mal den Koffer auf?« fragte der Zollbeamte auf dem Flughafen von Frankfurt. Ich riß meinen Geigenkasten auf. »Was ist der weiße Staub? Was ist da auf der Geige?«

»Harz. Kolofonium«, sagte ich, »das brauchen wir, um die Haare des Bogens aufzurauen. Macht man das nicht, dann gleiten die Pferdehaare von den Saiten. Eine Art Antirutschtmittel für Geigen.«

Der Mann sah mich grübelnd an. »Kommen Sie kurz mit«, sagte er.

Ich fragte: »Was glauben Sie denn, was es ist? Instantelefant?«

Das verstand er nicht. »Kommen Sie mit?«

Er ging vor mir her.

Alle meine Sachen wurden untersucht. Mein Samsonite auf den Kopf gestellt. Nichts. Dann mußte ich mich ausziehen. Ganz. Auch die Socken, auch das T-Shirt, auch die Unterhose. Da stand ich, nackt. Auf einer kleinen Matte in einem grotesk großen Raum. Auf einem idiotisch aus den Fugen gewachsenen Flughafen. Vor mir ein Mann mit einer Schirmmütze, darunter ein Kopf, leere Augen, Mund wie eine Narbe, Schnurrbart, lächerlich lange Ohrläppchen, als ob seine Mutter ihn daran durch seine Jugend gezogen hätte. Er zog einen Plastikhandschuh an. Ob ich mich bücken wolle. Da endlich drang es bis zu mir durch. Sollte er ... Harz für Heroin halten? Ich bückte mich. Sein Finger glitt rein. Ich war zu erstaunt, um zu reagieren. Eine ungekannte Wut flammte in mir auf. Er zog seine Hand zurück, sah mich dumm an. Ich wollte ihm ins Gesicht treten. Seinen Arm durch seinen Arsch durch seinen Mund nach draußen ziehen. Ich wollte ihn pulverisieren, fühlte mich vergewaltigt, verletzt, bestürzt.

»Arschloch«, sagte ich, »Riesen-, Riesenarschloch!«

Er streifte wie ein Chirurg den Handschuh ab. »Sie können in diesem Buch Ihre Beschwerden aufschreiben.« Er gab mir ein großes, abgegriffenes Buch. »Sie müssen verstehen: Das ist mein Job«, sagte die Uniform, »ich mache nur das, was mir befohlen wird.«

Aus dem Augenwinkel sah ich einen Eimer, randvoll mit Gummihandschuhen. Ein Kollege des Pflichterfüllers kam rein. Ich stand noch immer pudelnackt und schneeheiß wie Rumpelstilzchen da. Die Männer flüsterten miteinander, sahen mich danach an wie Hunde.

»Sind Sie der holländische Liedermacher? Darf ich Sie, wenn Sie wieder angezogen sind, um ein Autogramm für meine Frau bitten?«

Ich hab danach die beiden Männer wie eine Roulade eingerollt, in einer Walze geplättet, bis sie zusammen so groß waren wie ein Bleistift, den in einen Anspitzer gesteckt und dann mit diesem neuen Stift das Autogramm gegeben.

»Für die Witwen der Beamten Bauernpimmel und Arschloch.

Alles Gute, Johannes Heesters.«

Eifersucht

Neulich hörte ich
 im Radio einen Mann
der sagte
daß er
dein Liebhaber gewesen war

Daß ihr zusammen
ein Jahr
glücklich wart

Er erzählte
von Peru
und vom Himalaja
beschrieb
deine Hände
Augen
und deinen Mund

Daß ihr
auf einmal
verschwunden wart
in einem Wald auf Java
wie ihr schlieft
auf dem Strand von Tahiti

Das alles konnte
ich gut vertragen

Aber als er
von deinen Sommersprossen
erzählte
starb ich
vor Eifersucht.

Frank

Rollt Würfel
steckt Zigarette an
nimmt Whiskyglas
schüttelt Eis
spielt Song
Eisenhowert in der Nacht
Don Sinatra
Kronzeuge
der Macht

Broadway

» ... Für den Broadway braucht
Herman van Veen weit weniger Freiheit
als er sich gegenwärtig erlaubt ...«
Clive Barnes

Meine ersten englischen Worte waren »Made in Germany«. Das fällt mir ein, während ich in New York um die Hochhäuser gehe, eine Welt, die ich von Film und Fernsehen kenne. Vorbei an Mülleimern und Containern, fremden, rührenden Dingen. »Das Empire schlägt zurück« läuft gegenüber, ein Stück weiter gibt's »Evita«, das Musical, vor mir stehen ein paar Menschen und spielen Schach. Jemand drückt mir ein Blatt Papier in die Hand, auf dem steht, daß Jesus im Central Park eine Sprechstunde abhält und daß ich willkommen sei. Ein Mann versucht, mir für zwei Dollar einen kleinen E.T. zu verkaufen mit einem glühenden roten Finger und einem »Nach Hause«-Stimmchen.

Es ist unerträglich warm, 28 Grad Celsius. Eine Mischung aus Urin, Benzin, Speisen und Schweiß dampft mir entgegen. Straßen, gerammelt voll mit Autos, hastigen Menschen. Ein Mann fliegt aus einem Taxi, schlägt im Laufen die Tür hinter sich zu und klemmt dabei seine Jacke ein. Er wird ungefähr fünfzig Meter weit mitgeschleift. Menschen bleiben stehen, gaffen, gehen wieder weiter.

Hab das Gefühl, daß, wenn sich in diesem Moment
ein Dinosaurier durch den Asphalt fräße, die Menschen drumherum gehen würden.

Es ist Anfang der achtziger Jahre. Ich bin für
eine längere Zeit in der Stadt, zur Vorbereitung
einer Reihe von Vorstellungen. Wohne bei Shirley
MacLaine in ihrem gemütlichen Appartement in
einem der alten, steilen, aus Backstein hochgezogenen New Yorker Wohnkolosse.
Wir reden die Fußleisten aus den Wänden. Klein
Fritzchen aus Holland und Lieschen Müller aus
den Vereinigten Staaten sind die besten Kumpel.
Kochen, spazieren gehen, Nippes kaufen, in Alben
blättern, Pläne machen, lachen wie zwei Schul-
mädchen.

Unser Freund Andy rief an. Ob wir Lust hätten,
abends ein Wohltätigkeitskonzert von Frank Sinatra zu erleben, Abendkleidung sei Pflicht.
In einem kleinen Kleiderverleih mieteten wir
für mich einen Smoking, probierten zwischen italienischen Bräutigam-Aspiranten und kichern-
den Schwiegermüttern eine engsitzende Hose
mit Sportsflecken, ein knallweißes Hemd, eine
schlichte Fliege und etwas Perlmutt, um das eine
und das andere zusammenzuhalten. Gegen acht
wurden wir von Andy abgeholt in einer Limousine
mit einer Länge von acht DAFs. Drei Kilometer
weiter und zwanzig Minuten später wurden wir
vor der Carnegie Hall abgesetzt. Viel zu spät stol-

Stöbern in Fotoalben und Erinnerungen mit
Shirley MacLaine

perten wir in den Saal. Das Saallicht war gedämpft, und auf dem eigentlich kleinen Podium spielte George Shearing guten Jazz, volle, gestochene Akkorde. Er blickte ab und zu wie Tonny Eijck zweideutig in den Saal.

Wir hatten Plätze in der ersten Reihe. Shirley schüttelte links und rechts Hände. Andy, der sich wie der stellvertretende Bürgermeister von New York vorkam, nickte dem ganzen Saal Guten Abend. Das Konzert war für New Yorker Vergewaltigungsopfer gedacht und von der Poizei organisiert worden (lange Terminplanung). Der Saal war voller Funktionäre, Joan-Collins-Kopien, Bodyguards und Soap-Society-Typen, die mir alle bekannt vorkamen. *The Voice*, die Beatles der fünfziger Jahre, der Elvis des Jahrhunderts, der größte Sänger aller Zeiten, kam in einer grünen Polizeijacke, ruhig wie ein Großvater, der Tauben füttern geht. Schräg über seine Schulter unter dem Licht des Verfolgers hindurch sah er nach seiner Frau in der ersten Reihe, ein makellos blondes Mädchen von ungefähr fünfzig Jahren. Er zwinkerte ihr beruhigend zu.

Gejauchze. Das Orchester, fünfunddreißig Oldies, haut eine Erkennungsmelodie raus. Ich federe hoch: Bigband wie's besser nicht geht, scharf geblasene, akzentuierte Klänge, abgewechselt von schön harmonisierten Posaunenstimmen, gestopften Trompeten und einem formidablen Schlagzeuger, der das eine brilliante Fill-in mit einem anderen übertrifft. Amerika, eine Ansammlung verirrter Afrikaner und Europäer, die da kollektiv in ihrer neuen Existenz einen Swing rausstampfen, während die Show gestohlen wird von einem kurzen Italiener unter einem Toupet. Sinatra zündet eine Zigarette an, bläst etwas Rauch zu Gott und beginnt zu singen.

»Er ist gut heute«, murmelt jemand hinter mir, als ob er über einen Bordeaux reden würde. *The Voice* bewegt sich wie der Chef eines Casinos, hellwach, kleine kurze Handbewegungen unterstützen sein phänomenales Timing. Ständig über den Takt hinweg, wie die Belgier sagen, »mit Brechnoten«. Er flüstert, schmettert, mal besinnlich, mal kühl und laut, einen Hit nach dem anderen und zwischendurch fummelt er ein bißchen an seiner Kleidung, verschiebt den Knoten seiner Krawatte, begrüßt seine Bekannten im Saal, trinkt, raucht, verrückt den Barhocker und späht mit zwei kleinen, klaren, blauen Augen wie ein Scharfschütze um sich, scheint am laufenden Band zu taxieren. Kündigt jedes Lied mit einer kurzen Werbung an: »This beautiful song is written by Levi and Strauss; great composers, great writers.« Applaus und Song. Zwölf Songs später steht Frau Sinatra auf und geht hinaus, ihren Pelzmantel locker über den Schultern. Man flüstert, Frank blickt ihr gerührt nach und beginnt mit seinem letzten Lied: »New York, New York«. Ovation, fährt im Applaus fort mit »Chicago, Chicago«, Ovation, kehrt im Applaus zurück nach New York, bedankt sich mit leichter Hand und verschwindet danach so ruhig wie er kam. Die Tauben sind zufrieden.

Eine Stunde später sitzt ein großer Teil derselben Vögel bei einem Souper, jeder gurrt jedem Komplimente zu. Der Abend hat ein kleines Vermögen erbracht, man ist zufrieden, man kann es sein.

»Siehst du, mit uns ist alles okay, wir sind schwer in Ordnung«, sagt Andy. Ich sitze neben ihm, und er läßt mich ohne Umschweife wissen, daß er der erste jüdische Präsident der Vereinigten Staaten werden will. Er hat die Schultern, die Eltern und beinahe die Frau dafür. Sie sitzt mir gegenüber und scheint, angesichts des Übermaßes an Juwelen, gut im Portemonnaie zu sein. Mit dem Rest kann man leben.

Sinatra ist der strahlende Mittelpunkt und wird mit Respekt angesprochen. Nach einer Flut von Dankesbezeugungen tickt er an den Rand seines Glases. »Wie wär's, wenn wir alle ›He is a jolly good fellow‹ singen. Dann könnt ihr, wenn ihr nach Haus kommt, erzählen, daß ihr zusammen mit Frank Sinatra gesungen habt.« Es wird gelacht und weitergegessen.

Shirley tippt mir auf die Schulter. » Ich geh mal kurz zu ihm.« Sie umarmen einander, offensichtlich aufrichtig glücklich über das Wiedersehen. Sie lachen und reden. Eine halbe Stunde später werde ich ihm vorgestellt. Wir murmeln etwas über Holland, Amsterdam. Er kennt da jemanden, kommt aber nicht auf den Namen. Redet über

»Vater, Sohn und Liebhaber« – faszinierender Frank Sinatra

seine kommende Tournee. Shirley flüstert ihm zu, wie berühmt ich bin. Er taxiert mich ganz kurz – so wie van Hanegem Neeskens. Wir unterhalten uns noch eine Weile. Er fragt mich, was genau ich mache. Fällt mir immer schwer, das zu erklären. Verirre mich schnell in Umständlichkeit. »I sing and write songs.«

»Good for you. You're lucky, wenn man davon leben kann. Hörmän, wir singen für die Menschen, die nicht dabei waren.« Rätselhaft deutlich. »Womit bist du beschäftigt?« fragt er Shirley.

»Oscar stuff. Werde den Film wahrscheinlich machen. »Terms of Endearment« mit Jack Nicholson.«

»Great. Und du?« wendet er sich wieder an mich.

»Plane eine Reihe von Konzerten am Broadway.«

»Ich glaube nicht, daß ich kommen werde«, sagt er mit einem Grinsen. »Bitte Andy, mich auf dem Laufenden zu halten.« Dann läßt er sich mit einem Lächeln von einer unsichtbaren Hand in Richtung des künftigen Präsidenten schieben. »Take care.«

Ich bin beeindruckt von dem Mann. Kann mir gut vorstellen, daß halb Hollywood mit ihm im Bett gewesen ist. Er hat etwas Feminines, wirkt unbeugsam, Blick eines Adlers. Faszinierend. Vater, Sohn und Liebhaber.

Als man ihn schließlich heimlich verschwinden ließ, merkte ich, daß ich die ganze Zeit den Atem angehalten hatte. Meine geliehene Hose kniff, und ich ließ einen, von der Resonanz her und in meinen Ohren für jeden hörbaren, nicht mißzuverstehenden Wind. »Jan«, hörte ich in Gedanken meine Mutter sagen, »das tut man doch nicht vor allen Kindern.«

Erleichtert und zitternd setzte ich mich wieder. Werde später meinen Enkelkindern erzählen können: »Opa hat Sinatra getroffen.«

»Sinatra ...?« wird mein Enkelsohn fragen.

Und ich antworte dann: »Frank Sinatra war ein Sänger, der Menschen mit seinen Liedern verzauberte. Ein Mann, der oft über die Liebe sang. Manchmal stockte seine Stimme, wodurch es schien, als sei er betrübt. Er beruhigte die Menschen und gab ihnen das Gefühl, daß er ihre Träume verstand. Er hatte eine große Schwäche für Frauen. Politiker und Verbrecher benutzten ihn, weil er so berühmt war. Er fand das wohl schön.«

Sinatra ist tot. Nach langer, schwerer Krankheit.

Bücher erscheinen, CDs werden neu gemischt, digitalisiert und in neuen Covern herausgebracht. Das FBI öffnet, wie die Schleusen von Ijlmuiden, seine Archive. Tausende von Menschen suchen im Internet nach seinem veröffentlichten Leben. Jetzt dürfen wir von all seinen Connections erfahren. Das ist nicht mehr gefährlich. Der Sänger ist mundtot. Ein Sturm im Wasserglas. Nach einem halben Jahr weiß nur noch Encarta, wer er war. Eine voice. Unter tausenden.

Why

Some people say
light is the shadow of God
God is the shadow of light

Some people say
fire is the shadow of ice
ice is the shadow of fire

Some people say
water is the shadow of man
man is the shadow of water

some people say
the shadow of man is the question
the question is the shadow of man

And they
wonder why ...

Why?

Echt

»Wein ist echter Wein, wenn auf dem Etikett ›appellation contrôlée‹ steht«, sagte ein französischer Freund.

»Meinst du damit«, fragte ich, »›gut‹ oder ›echt‹?«

»Nein, auf echtem Wein steht ›appellation contrôlée‹. Das ist ein Gütezeichen.«

»Gibt es auch guten französischen Wein, bei dem die Qualifikation nicht drauf steht?«

»Bestimmt«, sagte er, »aber dann weiß man es erst, nachdem man den Wein getrunken hat. Wenn ich sage ›echter‹ Wein, dann meine ich ›guten‹ Wein«, sagte er noch.

Ich spazierte vom Restaurant zu unserem Ferienhaus und dachte darüber nach, wie verwirrend »echt« geworden war. Nimm Coca-Cola. Die ist nicht »echt«, wenn die Flasche viereckig ist oder die Buchstaben auf der Flasche blau sind. Die einzig echte Coca-Cola steckt in einer taillierten Flasche oder einer Dose mit den alten schwungvollen Coca-Cola-Buchstaben. Woher ich das weiß? Aus dem Fernsehen. Coca-Cola ist auch Weihnachten, Coca-Cola ist Gemütlichkeit. Auf Coca-Cola-Partys sind immer schöne junge Menschen. Wo Coca-Cola ist, ist immer gutes Wetter. Wo keine Coca-Cola ist, ist Glück nicht »echt«. Hüpfende Familien sieht man nur in Center Parks. Hüpft man also mit seiner Familie, dann ist man in einem Center Park. Das ist »echt«.

Frage eine beliebige Person, wie ein Indianer

aussieht, und sie beschreibt dir Winnetou oder Hiawatha. Sie liebt Hirsche und ist tierfreundlich, weil sie Disneys Bambi gesehen hat. Die Damhirsche im Tierpark sehen aus wie Bambi, der Löwe wie Lion King. Die meisten amerikanischen Soldaten ähneln Sylvester Stallone, Bruce Willis oder Tom Hanks.

Einige Kinder sind davon überzeugt, daß Milch aus einer Packung kommt. Die Massenmedien haben uns langsam, aber sicher davon überzeugt, daß das Imaginäre, das Eingebildete, echt ist, wie der Schauspieler Ronald Reagan und Eurodisney beweisen. Und nun scheint es so, als ob die Medien, wenn auch unbewußt, uns davon überzeugen wollen, daß das Echte imaginär (T.V.-éritee) ist: Reality-TV. O. J. Simpsons »echte« Soap, die Soft-Porno-Serie Bill Clinton versus Monica Lewinsky. Der Echtheitsgehalt garantiert von CNN. Wie »appellation contrôllée« auf der Weinflasche. Kosovo, der Fernsehkrieg.

Laut Umberto Eco steht irgendwo in den Vereinigten Staaten eine Venus von Milo mit zwei Armen. Echter als echt.

Eine Pyramide in Las Vegas. Holland Village in Japan erspart die Reise nach Amsterdam.

Echt? Nach »Schindlers Liste« nun »Adolf Hitler, the musical«, mit Madonna als Eva Braun.

Steven Spielberg machte »Schindlers Liste«. Nicht in Farbe, sondern schwarzweiß, aus Respekt vor der Geschichte und um der Realität, dem Wirklichkeitsgehalt, möglichst nahe zu kommen.

Herman van Veen alias Wogram alias Abraham Mogèn alias König Olaf van Haland in dem Spielfilm »Nachtvlinder«

Geht das?

Erzeugt das denn nicht gerade das Durcheinander von Wirklichkeit und Phantasie? Denke zum Beispiel an die Farce »LaVita è bella« (»Das Leben ist schön«), den Film, der einen Oscar bekam. Der Zweite Weltkrieg verdaulich gemacht. Romantisiert, ironisiert. Dokumentarfilme über den Krieg haben keine Chance gegen Massenproduktionen wie »Saving Private Ryan« (»Soldat James Ryan«).

Ist ein Film, ein Filmstar, nicht per definitionem verfärbt, eine Phantasie? Ich bin der Meinung, immer. Sieht das Publikum es auch so? Denke es nicht, sonst gäbe es nicht die Titulierungen, mit denen unzählige erfolgreiche Kollegen versehen werden: Boudewijn de Groot – der niederländische Bob Dylan; Rob de Nijs – der niederländische Cliff Richard; Lee Towers – der niederländische Tom Jones; Mathilde Santing – die niederländische Doris Day; Andrè van Duin – der niederländische Tommy Cooper; Marjol Floor – die niederländische Edith Piaf. Der Vergleich ist als Kompliment gemeint. Normaal – die niederländischen Status Quo. Jan Klaassen – der niederländische Pinocchio. Der niederländische Sinatra, der niederländische Prince, die niederländische Madonna, vier frische Abbas, die neuen Spice Girls. Ohne ein Etikett ist es nicht echt. Kolorierte Negative schmücken die Hitlisten.

Las neulich: »Je mehr Wirklichkeit auf dem Bildschirm und im Kino zu sehen ist, desto filmischer wird der Alltagstrott.

Bis wir, wie einige Klugschwätzer meinen, denken werden, daß wir allein auf der Welt sind, und daß der Rest, die anderen, das Leben selbst, eine virtuelle Realität sind, die Gott oder ein böswilliger Genius abspult.«

Sah mich neulich im TV. Imitiert von einem kleinen Kerl in einer Playback-Show. Entsetzlich. Abends stand ich im Badezimmer. Ich hab den Spiegel rasiert.

Grand Hotel Deutschland

Our hotel's been updated
since Berlin's wall fell
the lobby is a warmer shade of gray
the elevators now are supersonic
we're here to serve
we hope you'll have a pleasant stay

Is this the first time
that you've ever stayed with us?
Our spotless reputation is well-known
impressive names have graced
us with their presence
Adolf Hitler
Richard Strauss
et Dorothée

Willkommen im Grand Hotel Deutschland
the piccolo takes care für das Gepäck
wollen Sie bitte hier mal unterschreiben
Sie haben Diners?
Jawohl, we take them all

Vom Fenster hat man Aussicht
auf den Bahnhof
es ist schon spät
noch ist da der Teufel los
es sieht aus wie ein Treffen
müder Gaukler
Als Transvestit maskiert

ist es der Tod, der da herumspaziert
Auf einer Mauer les ich
über deutsche Prosa
rassistische Graffiti
und Sieg Heil
Ku-Klux-Klan, Coca-Cola
Soko, Scheiße
Heinz ist doof und Gudrun geil

Bienvenue au Grand Hotel Deuschland
in every Zimmer all you need – and more
if companionship should be desired
you'll find a Bible
in the nightstand
upperdrawer

Het grote waterbed is leeg
zonder vriendinnen
I wonder
wat mijn allerliefste doet
misschien denkt ze ann mij
droomt van zinnen
mon amour
je t'aime
take care und mach es gut

The pay-tv is showing yodel porno
lederhosen sex
it's nothing new
but underneath the covers
something's stirring

and I discover
I can yodel, too
A bientôt au Grand Hotel Deutschland
la maison des Gitans comme toi
ouverte déjà à Paris
à Amsterdam demain aussi.

Deutsche Übersetzung: Thomas Woitkewitsch
Englische Übersetzung: Lori Spee
Französische Übersetzung: Muriel Janssens

Die Mauer

Für die Göttin des Gedächtnisses
Mnemosyne,
die Tochter des Zeus

Wie Rio de Janeiro noch immer gekennzeichnet wird durch das zwanzig Meter hohe Christusdenkmal, der brasilianischen Hauptstadt einst vom italienischen Diktator Benito Mussolini geschenkt, so wird Berlin, wenn auch weniger auffällig, noch immer aufgeheitert von gemeißelten Adlern, dem Brustbild des Dritten Reiches. Unheimliche, graue Raubvögel, Hitlers Kuscheltiere, stille Zeugen aus Stein, wachsam, allzeit bereit, wie durch Zauberschlag wieder über die Stadt zu fliegen, den Luftraum zu beherrschen und einen Staatsstreich zu begehen.

In den Jahren meiner Berlinbesuche hab ich mir angewöhnt, sie bei Taxifahrten zu zählen, so wie man früher hinten auf Vaters Fahrrad Lastwagen zählte. Es gibt glücklicherweise noch genug. Glücklicherweise, weil ich finde, daß die Geschichte niemals aus dieser Stadt verschwinden darf. Die Adler sind aus Granit, von Tauben weißgeschissen, dokumentieren sie eine schwerumkämpfte Demokratie.

Es waren siebzehn, als ich in einem Taxi vom Flughafen zum Checkpoint Charlie fuhr, der West-Bezeichnung für den ostdeutschen Grenzübergang.

Friedrichstraße-GÜSt-Zimmerstraße.

Es war Herbst, Oktober 1989. Es sollte das letzte Mal sein, daß ich den frustrierenden Gang durch die Kontrollen in die ehemalige sowjetische Besatzungszone, die Deutschen Demokratischen Republik, machen würde. Grenzkabine rein, Grenzkabine raus. Luke zu, Luke auf. Stempel hier, Stempel da. Nach anderthalb Stunden Papierkram stand ich auf der anderen Seite, war ich hundert Meter weiter gekommen, stand ich im Osten von Berlin. Dem Flüsterteil. Wo die Hochgezogene-Schultern-Menschen in farblosen Häusern wohnten, in den leeren Straßen, wo die einzigen, die Seite an Seite gingen, Soldaten waren. Vom Rest der Welt getrennt durch eine Mauer.

»Niemand hat die Absicht, eine Mauer zu errichten«, hatte Walter Ulbricht, der Chef der Ostdeutschen, Mitte Juni 1961 gesagt, während er den Mörtel schon anrührte.

Siebenunddreißig Jahre danach starrt Berlins Bürgermeister Eberhard Diepgen mit einer Falte in seiner politischen Stirn durch einen kleinen Spalt des »neuen« Monuments der Mauer. Das wiederhergestellte Stück der Mauer wurde enthüllt zum Gedenken an die Opfer, die versucht hatten, von Ostberlin in den freien Westen zu fliehen. Es repräsentiert in den originalen Maßen den »Todesstreifen«, eine Sandfläche, auf der jeder Fußstapfen erhalten blieb, und wo Flüchtlinge durch Minen, Scheinwerfer und Scharfschützen chancenlos waren.

Im Osten von Berlin. Wird die Geschichte aus der Stadt verschwinden?

»Gut acht Jahre, nachdem die verhaßte Mauer zwischen Ost- und Westberlin durch eine gewaltlose Revolution ›niedergerissen‹ wurde, hat die wiedervereinte Stadt ein Monument, das an die dunkelsten Zeiten ihres Bestehens erinnert«, schrieb ein niederländischer Korrespondent. »Es war gestern auf den Tag genau 37 Jahre her, daß die kommunistischen Machthaber im Osten Berlins die unmenschliche Trennungslinie errichten ließen.«

»Gedenkstätte Berliner Mauer, zum Andenken an die Teilung der Stadt vom 13. August 1961 bis zum 9. November 1989 und zur Erinnerung an die Opfer der gewalttätigen kommunistischen Vorherrschaft.« Dieser Text steht jetzt auf dem Gedenkstein des Monuments an der Bernauer Straße. Der teilweise Wiederaufbau und die Restauration haben insgesamt fast vier Millionen Gulden gekostet. Es ist eines der wenigen Stücke der Mauer, die in Berlin noch übriggeblieben sind. Verfall, Souvenirjäger und Baugesellschaften haben dafür gesorgt, daß das Bauwerk von der Bildfäche nahezu verschwunden ist.

Man streitet sich noch immer über die Zahl der Menschen, die bei Fluchtversuchen von Ost- nach Westberlin umkamen. Die Schätzungen liegen bei ungefähr zweihundert.

Elf Millionen Ostdeutsche besuchten nach dem Fall der Mauer Westberlin und die Bundesrepublik. Elf Millionen Menschen kletterten über

Steine, schlüpften durch den Stacheldraht, gingen direkt über freigemachte Grenzübergänge ins Gelobte Land. Fast dreißig Jahre Schmerzen. Folge des größten Krieges, den die Menschheit je gekannt hat, verschachert an die Interessen der Tourismusindustrie.

Die Mauer wurde ersetzt durch eine Replik. Ein Mauer-Monument mit einem schmalen Spalt, durch den man vom Westen in den Osten spähen kann. Eine Lage Steine, die den Todesstreifen, auf dem Hunderte von Menschen den Tod fanden, darstellen muß. Die Mauer hätte bleiben müssen. Inklusive der von Menschenhand gemachten Öffnungen. Das Errichten von Repliken müßte streng bestraft werden. »Um ein Band mit der Vergangenheit zu bilden, müssen Dinge nicht echt aussehen. Sie müssen echt sein«, sagt der niederländische Biologe und Essayist Midas Dekkers in seinem hervorragenden Buch »Die Vergänglichkeit«. »Ruinen sind heilig, Ruinen sind Trost. Denn was ist Trost? Daß es immer noch schlimmer werden kann.« Ja, in Deutschland nehmen sie immer öfter Abschied mit Freddy Quinns Schlager: »Junge, komm bald wieder.«

Habe wieder einen neuen Adlerkopf entdeckt. Schräg gegenüber von dem Café, in dem ich Kaffee trinke mit einem Berliner Taxifahrer. Einem sechzigjährigen Hippie, der , als er merkt, wonach ich Ausschau halte, begeistert reagiert. Er kennt noch ein paar. Es tut mir gut. Mein Rekord steht jetzt bei achtzehn. Achtzehn auf einer Fahrt. Achtzehn Vogelköpfe, aus denen Geschichte spricht. Aber den Rekord werde ich jetzt verbessern. Dank meinem neuen deutschen Freund.

Es gibt noch Hoffnung.

Paris

Geh zurück zum Hotel
durch Nieselregen
die Straßenlaternen
werfen gelbe Strahlen
auf die nassen Steine

Denk
an die Frau des Augenblicks
ihre Küsse lügen
ich weiß es
aber es macht mir nichts

Denver

Ende der siebziger Jahre. Wir spielten im Palais des Glaces, einem kleinen Pariser Theater in einer der Seitenstraßen vom Place de la Republique. Abend für Abend schuften für eine Handvoll höchst erstaunter Pariser.

Hatte noch Hüften, lange blonde Locken, besonders hohe Stirn. Tobte wie ein Tier, hauptsächlich, um mein dürftiges Französisch zu tarnen. Wußte ich ein Wort nicht, dann »guckte« ich das Wort, was ab und zu zu sehr komischen Situationen führte. Hatte dauernd einen Lachkrampf.

Nach einer dieser chaotischen Vorstellungen ging ich nach draußen. An der Kasse stand eine junge Frau, die sagte, daß sie das Konzert ganz toll gefunden habe und mit mir ins Bett wolle. Ich war mir sicher, daß ich nicht richtig verstanden hatte. »Pardon«, sagte ich. Vielleicht wollte sie nur sagen, daß die Vorstellung okay war, und sie meinte nicht das, was ich zu verstehen glaubte. Sie wiederholte ihr Ansinnen und mußte lachen, als sie mein verwundertes Gesicht sah. »Ja«, sagte sie, »ich will mit dir ins Bett.«

»Voulez-vous coucher avec moi?« Keine Ahnung, daß das jemals ein Hit werden würde.

»Oui«, sagte sie.

Ich bekam etwas ganz Neues: spontane, akute Bronchitis. Sah sie jetzt dämlich an. Sie war schön, große dunkle Augen, Haar in einem dicken Zopf. Von hinten hatte sie Ähnlichkeit mit Isabelle

Wer wartet wohl diesmal nach der Vorstellung?

Adjani, die ich damals noch nicht kannte, aber nun, da ich über die junge Frau schreibe, erinnere ich mich, daß es so war.

»Weißt du, ich hab noch eine Verabredung im Hotel. Warum gibst du mir nicht deine Adresse. Dann kann ich, wenn es nicht zu spät wird, vorbeikommen. Ich kann nichts versprechen, aber wenn ich vor Mitternacht nicht da bin, dann hat's nicht geklappt.« Sie nahm aus ihrer Tasche ein blaues Büchlein, riß eine Seite heraus und schrieb ihren Namen und ihre Adresse auf.

Ich sah sie voller Bewunderung an, fand das Ganze sehr spannend.

»Ist es das erste Mal?« fragte ich. Ich konnte mir nicht vorstellen, daß man jemanden, den man gerade erst auf der Bühne gesehen hatte, so etwas fragte . »John Denver«, sagte sie, als sie mir den Zettel gab.

»Gut, Valérie. Ja dann, bis gleich vielleicht.«

Sie lächelte, gab mir die Hand und ging weg. Ich schaute ihr nach und wußte nicht, was ich von all dem halten sollte. Fand sie toll und die Idee, na ja, wußte genau, daß ich nicht auf ihre Einladung eingehen würde. War ja gebunden, verlobt, verheiratet, glücklich.

Ging zum Hotel. In der Halle wartete meine Verabredung, eine Frau von *Le Monde de la Musique*, die ich zuvor auf einer Pressekonferenz getroffen und die versprochen hatte, nach einer Vorstellung vorbeizukommen, um etwas tiefergehend über die

Branche zu quatschen, also über das, was auf Holländisch interessanterweise »het vak« heißt. Wir unterhielten uns ein bißchen und weil es doch schon recht spät war, verabredeten wir uns, das Gespräch im Laufe der nächsten Woche abzurunden. Als sie weg war, flog ich buchstäblich nach oben in mein Hotelzimmer, nahm eine Dusche, zog schöne Klamotten an, weil ich absolut nicht daran dachte, zu Valérie zu gehen. Es hatte inzwischen angefangen zu regnen. Ganze Kübel voll Wasser ergossen sich aus dem Himmel. Kein Taxi zu finden. Zehn nach halb zwölf. Ich hatte noch zwanzig Minuten, um nicht zu ihr zu fahren. Endlich, ein Taxi. Ich gab dem Fahrer den Zettel. Er ging auf die Suche nach seiner Brille, machte ein winziges Lämpchen an und begann, in einem dicken, abgegriffenen Stadtplan von Paris zu blättern. »Das ist nicht in diesem Viertel«, sagte er, »es muß irgendwo da sein. Können Sie das lesen?« Er zeigte mit einem dreckigen Finger auf ein Wirrwarr von Straßen auf der mit allem möglichen Geschreibsel vollgeschmierten Karte.

»Meiner Meinung nach ist es diese Straße.«

»Glaube ich auch«, sagte der Mann und startete das Auto. Fünf Minuten hatte das Brimborium gedauert. Es war wirklich ein Hundewetter. Die Scheibenwischer hatten Probleme mit der Regenmenge, die auf die Windschutzscheibe prasselte.

Zwanzig Minuten später. Hier mußte es sein. In der Straße »Einfahrt verboten«, irgendwo rechts hinten mußte Nummer 28 sein. Ich bezahlte und lief durch den strömenden Regen in die Straße. Es war inzwischen fünf Minuten nach zwölf. Die Straße hatte kein Ende. Als ich bei Nummer 52 war, war ich klatsch- und pißnaß. Valérie Wer? Ihr Nachname. Konnte den Zettel nicht finden. Hatte natürlich vergessen, ihn mitzunehmen. Lag noch im Taxi. 28 III könnte es gewesen sein. Ein altes, hohes Haus, etwa acht Stockwerke. Die Eingangstür stand offen. Kein Aufzug. Rannte zur dritten Etage. Ich hatte die Wahl zwischen vier Türen. Es war inzwischen zehn nach zwölf. Ich keuchte wie ein Lastpferd, sah aus wie ein Betrunkener. M. Géret, das war sie nicht. V. Brunot wäre möglich. M.C. Dubois eher nicht. V. L. Traversac auch nicht.

Ich klingelte bei V. Brunot, keine Reaktion. Klingelte noch einmal. Gepolter. »Oui, oui, oui«, sagte eine Männerstimme irritiert. Ich wußte genau, daß Valérie ganz anders geklungen hatte. Aber was sollte ich machen? Fliehen? Die Farbe der Wand annehmen? Die Tür ging auf, ein Mann von Mitte fünfzig in seinem Morgenmantel sah mich bissig an.

»Bon soir, ich suche Valérie.«

»Valérie?« sagte der Mann. Er sah nach hinten in den Flur, als ob Valérie da aus dem Boden erscheinen könnte. Sah mich wütend an und sagte wahrscheinlich: »Sie klingeln mich, verdammt nochmal, nachts aus dem Bett! Wissen Sie, wie hart ich arbeite?! Sind Sie total bescheuert? Hier wohnt keine Valérie, hier wird auch nie eine Valérie woh-

nen. Und wenn es nur deshalb wäre, um Vorort-
deppen nicht Rede und Antwort stehn zu müssen.«
BUMM. Die Tür krachte in ihren Fugen. Bon,
dann eben die andere Tür. Mein Herz schlug mir in
der Kehle. V. L. Traversac, Valérie Louise, hoffentlich. Schritte im Flur, die Tür ging auf. Da stand
sie, schöner, als ich mir das hätte vorstellen können. Ihr Haar hing nun offen über ihre Schultern.
Sie trug ein, was meine Mutter »So-was-trägt-
man-nicht« nennen würde. Ein Hauch Wasauch-
immer erreichte meine Rotznase. Crosby, Stills
and Nash sangen dreistimmig irgendwo tief
in ihrem Appartement. Sie betrachtete mich lächelnd von oben bis zu den Zehen.

»Du bist doch gekommen.«

»Ja», sagte ich, »entschuldige, bißchen spät.« Sie
nahm meine Hand und ging voran.

»Willst du dich vielleicht schnell abtrocknen. Da
ist das Badezimmer.«

»Gern«, antwortete ich. Sie gab mir ein Handtuch.

»Du kannst nicht lange bleiben«, sagte sie.

Ein Stich ging durch mein Herz. »Oh, nein«,
sagte ich etwas zu laut und mindestens übertrie-
ben ungezwungen.

»Ich hab unerwarteten Besuch, aber komm bitte
einen Augenblick rein auf ein Glas Rotwein.«

»Natürlich.« Sie ging weg. Verdattert sah ich den
zerknautschten Mann im Spiegel, versuchte, so
gut und schlecht es ging, mich ein bißchen vor-
zeigbar zu machen, und tat den ersten Versuch,

mich über eine enorme Enttäuschung hinwegzusetzen.

Es hätte schön sein können. Ich ließ meine Strategie Strategie sein, ging Richtung Crosby, Stills and Nash. In einem besonders geschmackvoll eingerichteten Zimmer saß hingelümmelt, mit einem Glas Wein in der Hand und dem Rücken zu mir, ein Kerl.

»Herman«, sagte Valérie, »darf ich vorstellen?«

Der Mann stand auf, schob seine Brille gerade.

»Hi, John Denver.«

»Hi«, sagte ich, »Herman.«

Illusion

Würdest du als Buddha leben
als Jesus
als Mohammed
als ein Heiliger
ein Engel
Menschen würden dich nicht
begreifen.
Und wenn du versuchtest
deine Freude
deinen Frieden
zu erklären
würden die Menschen deinen Worten
lauschen
anstatt sie zu
verstehen.
Sie würden deine Worte wiederholen
und nicht danach leben
sich nach einiger Zeit die Frage stellen
wie es kommt
daß du besitzt
was ihnen fehlt.
Sie würden eifersüchtig werden
wütend werden
dich überzeugen wollen
daß du
und nicht sie
der Gottlose bist.
Und wenn ihre Versuche
dir das Glück zu nehmen

fehlschlagen
werden sie dir wehtun
vor Raserei entbrennen.

Und wenn du ihnen sagtest
daß dich das nicht interessiert
daß sogar der Tod
dir dein Glück
deinen Frieden
nicht nehmen kann
werden sie dich umbringen
um ihr Recht zu fordern.
Und wenn sie dann den Frieden
auf deinem toten Gesicht sehen
sprechen sie dich heilig
und lieben dich
in Ewigkeit

Es liegt in der Natur
der Menschen
die Toten
zu lieben
auszulöschen.
Um wieder
die Toten
zu lieben
auszulöschen.

Ein unendlicher Refrain
ein gebrochener
Walzer.

Arten der Angst

Ein guter Freund von mir, jemand, der mir regelmäßig im Spiegel begegnet, begann sein Leben schon ganz jung als verheirateter Mann. Kaum von der Schule, schon Vater von zwei Kindern. Die Umstände waren so. Er war, wie er war, von Herzen. Sein Brot verdiente er als Sänger und als Clown. Er zog von Stadt zu Stadt, zeigte da mit viel Erfolg seine Künste. Mein Freund war ein vernünftiger Mann. Offen und ehrlich, das Herz auf der Zunge. Das Gegenteil von einem Skeptiker, einer, der nichts verneint, aber die Rolle in Betracht zieht, die Illusion und Lüge im Leben nun einmal spielen. So war er erzogen. Darum wurde er kein Soldat oder Beamter, sondern Musiker, Dichter, Schauspieler. Damit er frei von Zwang sein konnte. Wenigstens dachte das mein guter Freund.

Er meinte, daß er das Leben wie ein Boot steuern könnte. Daß, wenn man nur begriff, daß »alles« die Anwort auf »nichts« ist und »nichts« die Antwort auf »alles«, daß dann das Leben klar sei wie Wasser. Mein Freund wurde, weil er diese Gedanken ungefragt äußerte und sang, ohne es zu merken, eine Stimme für andere. Für Menschen in Ekstase. Die so bewundern, wie sie betrunken werden. Mein Freund war nach einiger Zeit umgeben von Suffköpfen. Und stand ihnen gelassen und geschmeichelt Rede und Antwort. So geduldig, so eitel, daß keine Zeit mehr übrigblieb für das Herz.

Für Vater, Mutter, Frau und Kinder. Er sah sie nur in Träumen. Mein Freund fiel in ein unvorstellbar tiefes Loch. Still wie im Auge eines Orkans. Und überall um ihn herum starrte, nur für ihn sichtbar, mit hohlen, schwarzen Augen die Angst. Ich habe ihm immer wieder vorgeschlagen, mit jemandem darüber zu reden. Unsinn. Er fand, daß er selber eine Lösung finden müsse. Schließlich rief er mich aus einem Kaufhaus in Amersfoort an und fragte, ob ich ihn abholen könne. Seine Sehnsucht nach der Schlafabteilung sei gestillt. Er hatte sich mit einem Handy unter einem Kingsize-Bett versteckt.

»Du mußt wirklich so schnell wie möglich mit jemandem reden«, sagte ich, als wir zu seinem Haus fuhren.

»Kann nicht, hab morgen eine Vorstellung in Berlin. Der Dalai Lama kommt nach Deutschland zu einer Lesung. Bevor er spricht, singe ich.«

»Na, dann rede doch mit dem Dalai Lama.«

»Worüber?«

»Über deine Angst.«

»Kommst du mit?«

»Wenn du das willst.«

»Eine Frage? Sie haben eine Frage? Sie können sie nach der Rede von His Highness stellen.«

»Auf der Bühne? Vor tausend Leuten?«

»Sie wollen doch eine Antwort?«

»Ja«, murmelte mein Freund.

Der Dalai Lama hatte alles gesagt. Er blickte

Musikalische Untermalung einer Handarbeit im Astrid-Park in Brüssel

lächelnd ins begeisterte Publikum des Berliner Schauspielhauses. Kluge Menschen stellten kluge Fragen. Als letzter erhob sich mein Freund. Ging zum Mikrophon.

»Herr Lama, meine Frage: Was ist Angst?« Der Dalai Lama blickte neugierig hoch. Faßte sich kurz an die Brille, drehte den Fuß und sagte:

»Ich denke, es könnte zwei Arten der Angst geben. Erstens: Wenn du jemandem weh getan hast, wenn du einem Irrtum erlegen bist, etwas Falsches gemacht hast, dann hat Angst etwas mit Angst vor negativen Konsequenzen zu tun. Diese Art der Angst ist die richtige Angst. Wenn du sie hast, dann kannst du dein Verhalten korrigieren. Diese Angst ist also konstruktiv. Die andere Angst entsteht in der Einbildung und ist nicht produktiv. Wie kann man die Todesangst verringern? Erstens: Überprüfe im täglichen Leben ehrlich und aufrichtig deine Motivation. Und wird dir dann deine Weisheit und Intelligenz klar, warum solltest du Angst haben? Es besteht kein Grund für Angst. Wenn man das weiß, wird die Angst kleiner. Manchmal schafft man das durch eine religiöse Überzeugung. Ich glaube, daß es sehr wichtig ist, das Konzept zu entwickeln, daß die Grundlage der menschlichen Natur positiv ist. Trotz aller Schwierigkeiten, trotz aller Hindernisse. Im Grunde haben wir die Kraft, mit diesen Dingen fertig zu werden. Ich glaube, daß diese Überzeugung sehr hilfreich ist, wenn es darum geht, Angst und Zweifel zu verringern.«

Urinal

An der Wand
eines Pissoirs
bei einer Tankstelle
in Pretoria
las ich
während ich
eine bißchen ängstlich
zwischen vier schwarzen Männern
mein Wasser ließ:

I am black, okay?

You born,
you pink.

You grow up,
you white.

You get sick,
you green.

You go in sun,
you red.

You cold,
you blue.

You die,
you purple.

You call me
coloured?

Braai

Der Niederländer an der Bar, der schon seit Menschengedenken in Südafrika wohnte, erzählte, er trüge immer einen Revolver bei sich, seit seine Nachbarin von Verbrechern vergewaltigt und ihre Kinder totgeschossen worden waren. So etwas sei *vor* Mandela nicht passiert. Es seien schwierige Zeiten, und er wüßte nicht, wie lange er noch in Südafrika bleiben würde.

Ob wir noch was trinken wollten. Gern, dasselbe noch einmal. Er tendiere zu Kanada oder vielleicht Australien. Und die Niederlande? Nein, für kein Gold wolle er zurück nach Holland. Zu kalt, zu engstirnig, zu viel Einmischung. Nein, Südafrika sei ein Paradies. Nur die Kriminalität ginge wirklich auf keine Kuhhaut mehr. »War schön, Sie zu treffen. Wenn ich kann, komm' ich zur Vorstellung. Grüßen Sie mir Alkmaar, da bin ich geboren.«

Schweigend blieben wir noch eine Zeitlang in der Bar sitzen. Ich mußte an einen älteren Deutschen denken, den ich mal im Zug getroffen hatte. Er erzählte, daß er seinerzeit in Katwijk gesessen hätte im... na, du weißt schon, und wie toll er die Niederlande gefunden hätte. Das Meer, die Dünen, ja, die waren schön. Früher, damals – Wörter wie eine Decke. Alles, was geschehen ist, erscheint dadurch, daß unsere Wörter milder werden, weniger schlimm, nur weil Zeit vorübergegangen ist. Merke es manchmal selber, wenn ich über mein

Früher rede. Mit dem Unterschied, daß ich durch pures Glück, Zufall, wenn man so will, am Ende des Krieges geboren bin. Das Schlimmste, das mir jemals widerfuhr, war die Trennung von meiner Frau und den Kindern. Das war eine bittere Wahl. Aber was war sie im Vergleich zu den Entscheidungen, die man im Krieg treffen mußte. Denn »wenn du nicht...«, dann wurdest du mit einem Bajonett in deinem Rücken in einen Güterwaggon getrieben. War der Mann in der Bar während der Apartheid nach Südafrika gegangen, oder mußte er mit seinen Eltern mit? Ich hätte ihn das fragen können, hab's nicht getan. Weil ich ihn tief in meinem Herzen schon falsch fand. Sagte meinen Freunden Gute Nacht und ging ins Bett im vierten Stock des Holiday Inn Hotels in Pretoria.

Ein Schlaf-Wohnzimmer mit einem Fernseher und ein Badezimmer mit einem WC, zur Straße gelegen, Klimaanlage und ein Fenster, das nicht aufging, theoretisch schon, aber aus irgendeinem Grunde saß es unerschütterlich fest. Ging ins Bad, sah fern, schlief ein, träumte von Eddy Murphy, der Präsident von Botswana war und eine Gruppe Araber herumführte in einem Reservat für Weiße. Dasselbe wie das, wo ich zum ersten Mal echte wilde Tiere gesehen hatte. Eine unvergeßliche, ich möchte fast sagen religiöse Erfahrung. Atemlos hatte ich auf die Elefantenherde geblickt, die Giraffen, Zebras, Antilopen, Löwen, die ein Nashorn entsorgten. Wohin man sah: wilde Tiere, Hügel, Wälder, Flüsse, Stille, unbeschreiblich.

Eddy Murphy führte seine Gäste zu einer großen sonnigen Terrasse mit gelben Schirmen, kleine delftblaue Beatrix- und Frau-Antje-Kopien tanzten auf Holzschuhen mit bloßen Brüsten und in Schilfröckchen. Plötzlich ein Mark und Bein durchdringendes Geschrei. Ich sprang in die Höhe. Vier Uhr in der Nacht. Jemand brüllte draußen unter meinem Fenster wie ein Tier in Not. Fassungslosigkeit, Unglaube, Todesangst. Ich stand senkrecht wie angenagelt neben meinem Bett. Lief dann zum Fenster und versuchte, durch die Dunkelheit zu erkennen, was da unten geschah. Das Schreien hörte nicht auf. Ich probierte wieder vergeblich, das Fenster zu öffnen. Stimmen, Panik, rufende Menschen, alles übertönt von dem schrecklichen Geschrei. Batman würde einen Stuhl durchs Fenster werfen, nach draußen gleiten und im Tiefflug das Opfer aus den Klauen seiner Angreifer retten. Ich zog Hose und T-Shirt an, hatte endlose Probleme mit dem Kettchen an der Tür. Barfuß stürmte ich zum Lift, rannte in die Hotelhalle. Hier war das Geschrei noch lauter zu hören. In der Halle standen Dutzende von Menschen, beunruhigte Gäste wie ich. Der Hotelangestellte hinterm Schalter arbeitete normal weiter. An der gläsernen Drehtür erklärte der Portier, daß wir nichts tun könnten, daß man schon die Polizei gerufen habe. Er riet uns ab, nach draußen zu gehen. Idiotische Situation. Da lag jemand und wimmerte vor Schmerz, und wir standen machtlos in der Hotelhalle. Sirenen, Autos, flackernde Lichter. Das Geschrei hörte auf. In der Straße des Hotels war jemandem die Kehle durchgeschnitten worden.

Der Täter war in den Park entkommen. Das Opfer, ein sechszehnjähriger Junge. »Tot«, sagte Eddy Murphy, und gab mir einen zärtlichen Kuß auf die Stirn.

Das Telefon läutete. »Mister van Veen«, sagte die Stimme, »es ist acht Uhr.«

»Haben Sie das auch gehört, das Geschrei heute Nacht?« fragte ich beim Frühstück. Niemand hatte es gehört. Bevor wir zum Flugplatz losfuhren, fragte ich den Portier, ob er wüßte, was sich abgespielt hatte. Er konnte mir nichts sagen. Der Nachtportier hatte keinen Zwischenfall gemeldet. Nichts Besonderes also.

»Something happened?«

»I don't know«, sagte ich und ich wußte echt nicht mehr, ob ich was knew. Wir trafen in Bloemfontein ein, wo wir am nächsten Tag spielen sollten. Mittags gegen zwölf Uhr. Ich packte meinen Koffer aus, nahm eine kalte Dusche, schob die Gardinen zur Seite, schleppte einen Stuhl zum Fenster und fing an, das Lokalblatt zu lesen.

Von meinem Schlafzimmer aus sah man auf einen Parkplatz, der sich auf dem Dach der darunterliegenden Einkaufspassage befand. Dahinter standen ungefähr zehn Hochhäuser, Balkone mit Wäsche, Büros, Betriebe, eine große Bank. Als ich eine Seite meiner Zeitung umblätterte, sah ich Rauch auf einem der Balkone direkt gegenüber vom Hotel, eine kräftige Wolke. Ich legte die Zeitung weg, rannte zum Fenster und sah deutlich Flammen. Vom Balkon war jetzt durch das Feuer keine Spur mehr zu sehen.

Ich rief die Rezeption an. »Meiner Meinung nach brennt es in einem Appartement gegenüber, fünftes Gebäude von rechts, schätze die zehnte Etage. Rufen Sie die Feuerwehr an?«

»Natürlich«, sagte die Frau. Ich lief wieder zum Fenster. Die Rauchentwicklung war nicht schwächer geworden. Ich zog schnell etwas an, ging nach unten und fragte die Frau: »Haben Sie angerufen?«

»Ja, aber es war besetzt. Ich komme nicht durch«, sagte sie.

»Versuchen Sie's weiter, es wird immer schlimmer.« Ich stürmte aus der Hotelhalle, rannte um die Ecke, zählte die Gebäude in der Straße. Elf Hochhäuser, also das sechste von der Ecke aus, von der ich kam. »Bei Ihnen brennt es«, sagte ich zum Portier in seiner kleinen Loge, »ich glaube, im zehnten Stock.« Der Mann sprang auf, nahm ein Schlüsselbund und rannte vor mir her in einen Lift. Wir sagten nichts. Oben angekommen, klopfte der Mann an eine Tür. Eine Frau mit einem Kind auf dem Arm machte auf. Erstaunt sah sie uns in ihre Wohnung rennen. Der Portier öffnete alle Türen. Kein Brand zu entdecken. Auf dem Balkon schauten wir nach draußen, und in der elften Etage im Gebäude neben uns sahen wir tatsächlich Rauch.

»Rufen Sie die Feuerwehr an«, schrie ich. Der

Mann griff zum Telefon, und ich rannte wieder den Gang hoch. »Entschuldigen Sie«, sagte ich noch zu der Frau.

Das Gebäude nebenan war ein Bürohaus. »Es brennt in der elften Etage«, rief ich der Frau hinter dem Schalter zu. »Schnell. Lassen Sie dieses Gebäude räumen. Worauf warten Sie noch?« Die Frau starrte mich mit offenem Mund an. Weg war ich. Im Lift dachte ich: Blöd. Fünf von rechts ist sieben von links. Der Montessori-Unterricht ist doch nicht alles, der kostet Menschenleben. Die elfte Etage. Schweiß tropfte mir von der Stirn. Meine Badelatschen war ich schon los, unterwegs verloren. Meine Boxershorts mit Mickymaus, ein Geschenk zum fünfzigsten Geburtstag, saßen verkehrt rum. Das in aller Eile angezogene Smokinghemd war durchnäßt. Ich hörte Musik. Es gab mehrere Türen. An alle klopfte ich wie ein Besessener. Ein zweiter Lift kam nach oben, die Tür ging auf. Die Feuerwehr, Gott sei Dank. Erschrockene Menschen.

»Feuer, wo?« Die mittlere der fünf Türen ging auf. Ich blickte in ein Büro voller festlich gekleideter Menschen.

»Da«, sagte ich. Wir liefen an erstaunten Blicken vorbei durch das Büro und zum Balkon. Da stand in einer dicken Wolke ein großer Grill mit brutzelndem Fleisch, das herrlich roch. Ein Barbecue, ein Braai, wie man hier sagte, im elften Stock.

Eddy Murphy stieß den SS-Mann vor sich her in den Zug. Ich erkannte den Niederländer von der Bar. Im Waggon standen schwarze Feuerwehrmänner im Smoking mit Helmen. Der SS-Mann wurde auf einen Grill gelegt und gut durchgebraten. Der Hotelportier sagte: »Für mich bitte well done.« Mit Golfschlägern drehten sie den Holländer um. Ich war offenbar auch da, denn jemand fragte mich, ob ich seine Augen wolle.

»Wir sind fast da«, sagte mein Nachbar im Bus. Ich erschrak und erwachte.

»Ist das noch immer Soweto?«

»Ja«, sagte der Fahrer, »Sie haben ein halbes Stündchen geschlafen. Dies ist noch immer Soweto.»«

Zufriedener Mann

Laßt die Oberflächlichen
mich oberflächlich nennen
laßt die Sentimentalen
mich sentimental nennen
die Klugen
klug
die Verrückten
verrückt
die Anderen
anders

Laßt die Lieben
mich lieb nennen

die Götter
Gott.

Wuppertal

»Tut mir leid, Herr van Veen, wir können nicht anfangen. Es gibt eine Bombendrohung. Wir müssen das Theater räumen. Wir können kein Risiko eingehen.« Der Direktor des Theaters wischte sich mit dem Handrücken einen langsam herabrinnenden Schweißtropfen von der Schläfe. »Die Polizei braucht voraussichtlich zwei Stunden, um alles zu durchsuchen, also können wir im Prinzip die Vorstellung um neun Uhr beginnen lassen. Wir fangen das Publikum draußen ab und erklären, was los ist. Vielleicht ist es ja nur ein schlechter Scherz, aber man weiß es nicht. In letzter Zeit passieren häufiger schlimme Dinge in der Stadt. Es gibt viel Arbeitslosigkeit in den neuen Bundesländern. Viel Frustration. Ich bitte Sie, das Theater zu verlassen.« Der Direktor lockerte seinen Schlips.

»Woher wissen Sie von der Bombendrohung? Durch einen Anruf?«

»Nein, es wurde ein Brief abgegeben. Ausgeschnittene, aufgeklebte Buchstaben.«

»Darf ich den Brief sehen?«

»Nein, den hat die Polizei.«

»Sie wissen nicht, was in dem Brief stand?«

»Doch, aber das darf ich nicht sagen.«

»Hat es was mit der Vorstellung zu tun?«

Der Direktor ging zur Tür. »Herr van Veen, wir müssen nun nach draußen.«

Eine seltsame Atmosphäre. Polizisten mit schnüf-

Sprachlos

felnden Hunden gingen durch den Gang des alten Theaters. Auf der Bühne zeigten ein paar Feuerwehrmänner auf unmöglich zu erreichende Stellen. Alles stand bereit für die Vorstellung. Meine Geige auf dem Stuhl. Mein Bühnenkoffer wie immer fast neben dem Mikrophon. Ein Koffer, den ich schon fünfundzwanzig Jahre mitschleppe, aus dem ich immer wieder Überraschungen zaubere. Mein Schellenhut auf dem Kleiderständer. Der Flügel, das Saxophon von Nard. Die schwarzweiß karierte Jacke und die Geige nahm ich mit raus.

Auf einem Innenhof, erleuchtet von alten, gelben Laternen, standen im Nieselregen die Mitarbeiter des Theaters und redeten mit unseren Technikern. Erik van der Wurff und Nard Reijnders, meine Begleiter, verschwanden in einem Auto durch das Tor in die finstere Stadt. Ich sah ihnen hinterher mit einem seltsamen, leeren Gefühl. Meine Geige hielt ich wie einen jungen Hund unter meiner Jacke. Der alte Kantinenchef schimpfte, daß er so was in seinem langen Berufsleben noch nie erlebt hätte. Feuer, ja. Wütendes Publikum, ja. Kämpfende Schauspieler auch. Aber daß eine Vorstellung wegen einer Bombendrohung nicht beginnen konnte, war auch für ihn etwas ganz Neues. Wo sollte das noch hinführen? Er fing an, über die DDR zu reden. Über die Mauer. Damals sei so etwas absolut unmöglich gewesen. Nicht, daß er den alten Zustand wiederhaben wolle, aber das hier ginge auf keine Kuhhaut. Letzte Woche erst war bei ihnen um die Ecke ein Haus mit Vietnamesen von Skinheads angezündet worden, und kein Mensch hatte etwas getan. Alle standen draußen und sahen zu wie bei einem Feuerwerk.

»Hast du denn etwas getan?« Der Mann sah mich verstört an.

»Natürlich nicht, niemand hat was getan.« So etwas wäre vor ein paar Jahren nicht möglich gewesen.

Noch mehr Polizei. Wenn der Spinner beabsichtigt hatte, den Polizeiapparat durcheinanderzubringen, dann war sein Bombenbrief schon ein enormer Erfolg.

»Haben Sie schon mal so was mitgemacht?« fragte das Mädchen von der Kasse.

»Ein paar Mal. Einmal in Linz, wenige Kilometer von Braunau entfernt, Adolf Hitlers Geburtsstadt. Da wollte einer nicht, daß ich »Wenn Hitler seinen Krieg gewonnen hätte« singe. Und einmal in der Schweiz. Der Bombenleger fand, daß ich mit meinen perversen Ideen nicht über die Grenze dürfte. Würde ich das doch tun, dann ... Bis heute ist nichts explodiert. Man hat auch noch nie eine Bombe gefunden. Wenigstens nicht, daß ich wüßte.«

»Wir haben alles minutiös untersucht«, sagte der sichtbar erleichterte Direktor. »Können wir in einer Viertelstunde anfangen?«

Das Publikum empfing uns mit einer minutenlangen Ovation, als ob es sich entschuldigen wollte. Ich begann zu singen. Meine Stimme schien aus einem anderen Körper zu kommen. Offensichtlich war ich noch nicht ganz bei mir. Es dauerte eine Weile, bis ich wieder ein und dieselbe Person war, bis zum Moment, da ich meinen Fast-immer-bei-mir-Koffer aufmachen wollte, um einen gut vorbereiteten Gag rauszuholen. Da schoß es durch meinen Kopf. Der Koffer! Vielleicht lag die Bombe in meinem Bühnenkoffer. Ob sie wohl meinen Koffer kontrolliert hatten? Das Publikum spürte mein Zögern. Es wurde totenstill. Was, wenn alle Polizeiexperten meinen Koffer übersehen hatten? Wäre natürlich ein genialer Plan: ein sorgfältig programmierter Zeitmechanismus, der auf das Schloß abgestimmt war. Wenn ich den Koffer öffnete ...

Ich wußte nicht, ob ich den Inhalt herausnehmen durfte. Mir kamen mehrere Möglichkeiten in den Sinn: eine Nagelbombe, eine Granate, eine Splitterbombe, ein tödliches Gas, ein mit Dynamit gefüllter Boxhandschuh, der, wie in einem Zeichentrickfilm, herausgeschnellt kam. Ging zum Koffer, aber öffnete ihn nicht. Ging weg und zurück, zögerte, sollte ich, sollte ich nicht? Man konnte Schuppen auf Schultern fallen hören. Schließlich öffnete ich den Koffer quälend langsam. Eine Sekunde dachte ich, mein Herz würde detonieren. Ich sah in den Koffer, der Koffer war leer.

Nachts in meinem Traum explodierte der Koffer. Meine Eingeweide flogen überall hin. Eine Frau in der ersten Reihe bekam ein Stück meiner Lunge direkt ins Gesicht. Auf dem Schild »Notausgang« klebte ein Batzen Därme. Eine Frau in einem luftigen Sommerkleid war blutdurchtränkt und holte aus ihrer Tasche zwei Salzfäßchen. Als wäre das Blut ein Rotweinfleck. Der alte Kantinenchef fegte das, was von mir auf der Bühne lag, mit einem Handfeger zusammen und sang, daß so was in der DDR nicht passiert wäre. Erik und Nard verschwanden durch das Tor, Hand in Hand mit Elton John, und meine Geige verschwand für immer unter dem Kinn von Anne-Sophie Mutter.

Dann wurde ich begraben auf dem Innenhof des Theaters in der alten deutschen Stadt, ein Handfeger mit meinen Überresten wurde in das Skelett eines Pianos geschüttet, ich selbst kam angerannt und versuchte, die Situation zu klären mit der Behauptung, daß es ein falscher Bombenalarm gewesen war. Daß man nichts gefunden hatte und daß die Vorstellung um acht beginnen konnte. Niemand reagierte, nur mein Mund, der noch auf dem Handfeger lag, bewegte sich kaum sichtbar und sagte, für niemanden hörbar: »Wuppertal ...«

Golden Highway

Am Golden Highway
liegt Soweto
120 km lang

Meer aus Müll
Meer aus Schrott
Meer aus Schande

Was haben
all die Menschen
Gott angetan
daß sie so leben müssen?

Berghof

Am 25. April 1945 fliegen 318 britische Bomber Richtung Berchtesgaden. Ihr Ziel ist nicht das Dorf im Tal, sondern ein Berggipfel und ein umzäuntes Stück Land auf einem Bergplateau unter dem Obersalzberg. Die Piloten haben 1811 Tonnen Bomben an Bord, die laut Befehl für nur zwei, genau angegebene, Gebäude bestimmt sind: »Adlerhorst« auf dem Gipfel des Kehlsteins und »Wachenfeld« beim Dorf des Obersalzbergs. An der gewaltigen Menge wird deutlich, wie wichtig dieses Ziel für die Briten und Amerikaner ist.

Mürbe von all den Eindrücken. Townships, koloniale Museen, Konzentrationslager. Habe ein Bedürfnis nach etwas Schönem, Heiterem, etwas Einfachem, etwas Natürlichem, etwas ohne Stacheldraht, einer ganz gewöhnlichen Aussicht, einer Wiese mit einem Glas kaltem Wasser, Stille.

»Wissen Sie vielleicht etwas in dieser Art?« fragten wir das Fräulein hinter dem Schalter des Hotels. Sie schlug vor, John anzurufen, einen Geschichtsstudenten, der die Umgebung der Stadt besser kannte als jeder andere. Er würde bestimmt wissen, wo wir so'n Glas Wasser trinken könnten.

Eine Stunde später fuhr John vor in einem weißen Jeep mit Aircondition. Er fuhr uns zuerst zu einem Hügel, wo Giraffen gingen. Ein Muß, wenn man hier zu Besuch war. Danach fuhr er uns zu einem wirklich wunderschön gelegenen Hotelrestaurant in dem hügeligen Land um Bloemfontein. Ein schmaler Weg schlängelte sich zu einem etwas höher gelegenen Gebäude. Im großartig angelegten Garten rund um das Hotel war niemand zu sehen. Wir parkten das Auto und gingen auf die einladende Terrasse, gelegen an einem vornehm eingerichteten Raum, dessen Türen freundlich offenstanden. Eine etwas ältere hübsche Frau begrüßte uns und fragte, was wir trinken wollten. Und ob wir vielleicht auch etwas essen wollten? Hinter dem Hotel befand sich eine noch schönere Stelle mit einer phänomenalen Aussicht über sanft geschwungene Hügel. Ein ideales Plätzchen für uns. Wir genossen einen vortrefflichen Lunch und plauderten entspannt. Die Dame fragte, ob wir Interesse hätten, die Dachterrasse zu besuchen. Da wäre die Aussicht noch eindrucksvoller. Sie hatte nicht zuviel versprochen. Südafrika ist wunderschön. Und dieses Hotel machte seinem Namen alle Ehre. Ein Hof in den Bergen: Berghof.

»Die Geschichte dieses Hotels ist interessant«, sagte die Frau, als sie unseren Enthusiasmus sah. »Dieses Gebäude ist eine Replik des Hauses von Adolf Hitler in Berchtesgaden. Vor dem Zweiten Weltkrieg errichtet von ...« Die Frau erzählte weiter. Ich konnte ihr nicht mehr folgen. Mußte an unseren Bücherschrank zu Hause denken. In der Kievitdwarsstraat. In dem Schrank fand ich einst, hinter den Büchern versteckt, ein schwarzweißes

Buch mit großen, triefend roten Buchstaben, »Hitler«. Das Buch, das wir nicht lesen durften. Zwei verbotene Bücher lagen da: »Bob en Daphne« und »Hitler«. Alpträume bekam ich von dem einen, erregende von dem anderen.

Erinnerte mich an das Foto, auf dem all die Mörder das Glas auf dieser »Terrasse« hoben.

»Es ist eine in allen Details möglichst getreue Kopie des Adlerhorsts. Der Führer wollte damals herkommen und hier wohnen«, hörte ich die Frau weiterreden. »Wenn Sie einen Moment warten, dann hole ich das Gästebuch. Ich würde es Ihnen hoch anrechnen, wenn Sie etwas hineinschreiben würden.«

Ich befand mich ein einem sonnigen, herrlich duftenden, blitzsauberen, geschmackvoll eingerichteten Alptraum.

Dachte an den Witz von Mel Brooks in seinem Film »To be or not to be«, in dem er Hitler, von ihm gespielt, sagen läßt:

»I don't want war.

All I want is peace!

Peace!

Peace!

A little piece of Poland,

a little piece of France, ...« etc.

Offensichtlich haben die Alliierten da doch noch ein ganz kleines Stückchen peace übersehen.

Schlecht ausgehende Angelegenheit

Das Leben ist eine schlecht ausgehende
  Angelegenheit.
Nimm meinen Kopf:
meine Haare wachsen nach innen
meine Lippen werden schmaler
wenn ich erwache,
muß ich zwanzig Minuten warten
bis alles wieder in Form ist.

Meine Nägel brauch ich nicht mehr zu schneiden
die bröckeln von selbst ab.
Ich muß nachts öfter raus
und kann weniger durch-
und widerkäuen,
krieg jede Mahlzeit dreimal zurück
dann lernt man Brechbohnen kennen.

Wenn ich den Garten umgrabe
für Kartoffel-Setzlinge,
ernte ich Hämorrhoiden.
Hab' ich einen Schluckauf,
flutscht mein Nabel ein Stückchen nach außen.

In Wirklichkeit sitz ich hier
um ganz normal
quälend langsam
zu zerfallen.

Mendelssohn

Mein Schwiegervater, der viel zu früh verstorbene Dirk Hoffman, war ein Meister im Genießen. Nicht, daß er oft dazu kam, er arbeitete ja, wie mein Vater in jener Zeit, sechs Tage in der Woche in einer Druckerei, also hatte er nur sonntags frei. Aber dann konnte er sich wie kein anderer eine Pfeife stopfen, eine Schallplatte auflegen, die Pfeife anzünden, die Nadel vorsichtig auf das Vinyl sinken lassen. Genau rechtzeitig beim ersten Ton – die Nadel war dann am Ende der einleitenden Rillen eines leicht klassischen Werkes angelangt – saß er in einer Ecke des Wohnzimmers in seinem Ledersessel, ein Thron, mit Blick aufs Gärtchen hinter der Etagenwohnung. Mendelssohn oder Mozart, Haydn, Prokofjew, Tschaikowsky, Schubert, Schumann und Chopin. Seine Favoriten. Von jedem hatte er *eine* LP. LP ist nicht der richtige Ausdruck. Diese Schallplatten waren etwas kleiner, als ob sie in einer Gefriertruhe gelegen hätten. Dann saß er da vor dem Fenster, mit geschlossenen Augen, und schlief regelmäßig nach zehn Minuten ein, leicht schnarchend auch dann noch, wenn die Musik schon lange vorbei war, wie ein Stilleben: Mann neben hüpfender Nadel.

Herr Hoffman hatte eine schlechte Gesundheit. War asthmatisch, hatte immer Probleme mit der Lunge. Wenn er die Treppe hochging oder den Mülleimer nach draußen getragen hatte, quietschte er danach wie die Scharniere einer alten Tür. Seine Kondition war nicht zuletzt deshalb so miserabel, weil er in der falschen Umgebung arbeitete. Eine Druckerei damals war vergiftet vom Blei. Der Mann wußte wahrscheinlich, daß er nicht mehr lange leben würde. Sein Glück war das Nichtzuendehören von klassischer Musik. Er genoß von Herzen seine drei Kinder und seinen Garten bei der Bahn. Ein Schatz von einem Menschen, mit aufrichtigem Interesse an seinem künftigen Schwiegersohn. Er hörte geduldig, mit einem Lächeln, immer aufmunternd kritisch meine endlosen Geschichten über das, was ich alles vorhatte. Und ich liebte leidenschaftlich seine Tochter Marijke, eine Jugendliebe. Schon im Kindergarten versprachen wir uns einander. Und vielleicht war er selbst auch einer der Gründe dafür, daß ich seine Tochter heiraten wollte. Solche Dinge begreift man erst später. Man heiratet ja auch die Familie seiner Frau.

Nach unserer Verlobung war ich an einem dieser Sonntage mit ihm im Zimmer. Marijke war mit ihrer Mutter zu Besuch bei der Oma. Ich las in *Vrij Nederland*, als die Nadel durch sein Schnarchen wieder auf dem Vinyl zu hüpfen begann. Wollte aufstehen, um den Plattenspieler auszuschalten. In diesem Moment sprang die Katze von der Anrichte auf seinen Schoß. Mein Schwiegervater wurde wach, schaute mit einem schläfrigen Lächeln hoch. Räusperte sich ausgiebig, stand auf, drückte den Tonarm des Plattenspielers in eine

Und immer verliebt in Dienekes, Nikkies und Marijkes ...

Art Fahrradständer für Plattenspielertonarme, nahm vorsichtig die Schallplatte vom Teller, schob die 75er-LP in eine Hülle und gab sie mir. Ein bißchen so, wie ein stolzer Schiffbauer der Bürgermeistersgattin eine Champagnerflasche überreicht, die diese dann mit einem stolzen Knall am Bug zerschellen läßt. Ich sah die glänzende Hülle in meinen Händen, spürte irgendwie, was dieses Geschenk bedeutete. Veränderung. Den Anfang vom Ende, Anerkennung. Er hatte zwölf von diesen Scheiben. Jedes Jahr sollte ich eine davon bekommen. Er schaffte sechs. Die 75er-Platte von Dirk Hoffman war meine erste eigene Schallplatte. Ich kaufte damals von dem Geld, das ich mit meinen Nebenjobs verdiente, einen Plattenspieler von Philips.

Manchmal, wenn's regnet und der Himmel tief überm Polderland hängt, hol ich die alte Platte noch mal aus dem Schrank. Und dann sehe ich – während ich dem Wunder Mendelssohn lausche – meinen Schwiegervater wieder dasitzen, den Mann, dem mein Sohn so verdammt gleicht. Valentijn, Mendel Dirk Hoffmans Enkelsohn. Auch er duselt manchmal ein, vorm Fernseher. Die Fernbedienung lose in der Hand. Das Ebenbild seines Großvaters. Verspüre absolut noch keine Neigung, ihm meine LPs zu schenken. Das hat Zeit.

Pinkelpause

Pinkelpause
Elefantenschwall
aus der Nazaräer Kirche
kommt das Mädchen
mit brauner Haut
und blauen Augen
auf Lackschuhen
durch Staub nach draußen

Sie fragt, ob ich
ein Deutscher bin
warum
ich in Afrika
die Tiere anschaun will

Ihr Vater
streng im Anzug
mit schwarzem Hut
düster die Augen
will sie ermahnen
mitzugehn
aber »Ich heiß Christien«
bleibt stehn

Vater
ich rede noch kurz
mit dem unbekannten Mann
ich komme später
oder nie mehr

Los, Vater
laß mich mit ihm gehn
das ist kein Deutscher
er ist aus Holland
heißt wie wir
van Pinksteren
er will sich nur die Tiere anschaun.

Noah

»Noah ist der angesagteste Wildpark in Afrika«, klärte uns der gebräunte, gut aussehende junge Ranger auf, während er uns voranging zu einer Wand. »Steigen Sie ein.«

»Wo rein?« fragten wir.

»In meinen Landrover«, lachte unser Führer. Seine weißen Zähne glänzten kurz im überwältigenden Sonnenlicht. »Dieser Jeep ist wie ein Chamäleon. Er nimmt die Struktur und die Farbe der Umgebung an. Sie können diesen Wagen fast nicht vor der Wand stehen sehen.« Der junge Mann drückte auf eine Fernbedienung, und vor unseren Augen erschien wie durch Zauberschlag ein mit Zebrastreifen bemalter Landrover. »Steigen Sie ein.«

»Dies Gebiet entstand vor dreizehn Millionen Jahren durch einen Vulkanausbruch. Es ist ungefähr fünfzig Quadratkilometer groß. In Noah leben mehr als zwölftausend Tiere. Die ursprünglichen Bewohner dieser Gegend waren die Khoekhoe, ein Volk von Jägern. Sehen Sie diesen Computerschirm neben meinem Lenkrad? Darauf können wir sehen, wo sich die Tiere befinden. Die Gruppe der roten Punkte zum Beispiel, das sind rennende wilde Tiere. Die grauen, etwas dickeren Punkte, Sie haben's schon erraten: Elefanten. Die kleinen Streifen, das sind Giraffen. Wir fahren jetzt zu einem Löwen. Dieser Löwe hat einen kleinen Sender, so groß wie ein Stecknadelkopf, in seinem Ohr. Über eine Satellitenverbindung können wir auf diesem Schirm all seine Bewegungen verfolgen. Das funktioniert wie ein Handy. Wir können dem Löwen sogar einfache Befehle geben wie steh, sitz, geh. Wir arbeiten zur Zeit an einem Paarungsprogramm. Vor allem japanische Touristen sehen gerne, wie die Tiere sich fortpflanzen. Auch bei den letzten Überlebenden des Khoekhoestammes haben wir kleine Sender angebracht. Wir können sie in jedem Moment tanzen und singen lassen. Sie können nun erleben, wie ein Leopard eine Antilope fängt. Da ist die Antilopengruppe, und hinter dem Baum sitzt der Leopard. Jetzt laß ich eine der Antilopen stillstehen, während die anderen weiterlaufen. Hören Sie die Antilope winseln? Sehen Sie die Öhrchen des Leoparden? Ich lasse ihn jetzt aufstehen. Ein Leopard kann auf einer relativ kurzen Strecke eine ungeahnte Geschwindigkeit erreichen.« Der Ranger gab einem amerikanischen pubertierenden Jüngling einen Joystick. »Laß die Großkatze ruhig ganz nah an die Antilope herankommen.«

Vor unseren Augen spielte sich das natürliche Drama ab. Als der Leopard der Antiope endlich die Kehle durchbiß, applaudierten die Leute im Landrover.

»Und jetzt werde ich ... grr ... grr ... grr ...«

Der Ranger stotterte, blieb in seinem Gedankengang stecken und sagte abwesend: »Wir müssen zurück.«

Die Mitbegründer der Stiftung Colombine, die überschau-
bare Projekte in Entwicklungsländern und in Holland orga-
nisiert

Er rollte mit den Augen, drehte den Kopf um 360 Grad herum und legte den Rückwärtsgang des Wagens ein. Auf dem Bildschirm sah ich, wie unser Wagen zurückfuhr, quer durch Noah, zur Rezeption. Zumindest sah ich das auf dem Bildschirm. Im Krankenhaus von Pretoria hörte ich, daß unser Landrover noch nicht gefunden war. Und daß niemand begriff, wie ich in das Krokodil geraten war. Daß es mir gelungen war, von innen sein Maul mit meinem ausziehbaren Fernrohr offenzuhalten, darf als ein Wunder betrachtet werden.

Kreuzung

(Elandsdoorn, den 15. Mai 1999)

In diesem südlich endlos ausgedehnten Bett
von sprachloser Schönheit
schlummert noch das Wunder
der
afrikanischen Braut

Sie singt
sie wacht

bedroht von Eifersucht
geschändet durch die weiße Blindheit
den Tod, der durch das Blut strömt
die Betäubung von dem blonden Bier

Sie singt
sie wacht

Und draußen auf dem Feld
wo die Gnuhs gnuhen
der Schakal heult
die Löwen Mähnen wärmen
im frühen Licht
verspricht die Sonne
unverantwortlich
wieder einen Frühling

Und sie singt
sie wacht
ich sitz im offenen Wagen
seh die Scham
seh das Wasser
seh die Berge
seh den Haß
seh die Tiere
seh das Feld
seh die Liebe
seh die Freude
seh den Weg
der zum Licht
führt
Traum vom Frieden
Wahrheit und Glück
wird wahr

Wach'
sing
mit der afrikanischen Braut

Das Leben ist ein Wunder
(Kapstadt, den 24. Mai 1999)

Diese Reise ist fast zu Ende. Zwischen japanischen Internatsmädchen, deutschen und dreißig fotografierenden amerikanischen Touristen habe ich einen Ausblick über das Meer an der Stelle, wo zwei Ozeane ineinander donnern. Weißer Schaum spritzt zig Meter hoch an die Felsen. Möwen fliegen tief unter mir über das eiskalte blaue Meer. Cape Point Südafrika. Steinerner Punkt hinter Gottes großartigem Schlußsatz. Der Wind heult. Hinter einer Gardine aus feinem Regen scheint das Meer in den Himmel zu gehen. Alles und jeder sind in einem Topf mit dichtem Nebel verschwunden. Ein Seufzer. Da sind wieder die Ozeane. Die Sonne preßt sich durch die Wolkendecke. Ein Regenbogen entfaltet sich. Alles um mich fotografiert alles. In den Steinen der Mauer, die mich davon abhalten, mit den Vögeln über das Wasser zu streichen, sind die Namen von Hunderttausenden eingekratzt, die vor uns auf Afrikas Appendix standen. John und Lisa waren hier, Johannes und Margarete, Mnkebe und Simon, Mitschiko und Ling, die ganze Klasse von Heinrich Tempelmann aus Essen, Herzen, Küsse, Hakenkreuze. Fuck you. Sayonara. Rosalein, ich seh dich gern.

In Gedanken seh ich Klipper, Schoner, Schiffe der Ost-Indischen Kompanie, Engländer, Franzosen und Spanier durch das Wasser pflügen. Da fährt Bartolomeu Diaz, unverzagt Vasco da Gama, der ewige Fliegende Holländer. Ich höre Stimmen stöhnen, die Stimmen der Sklaven, die Schreie der Ertrinkenden, das Lallen der Trinkenden, den Dampfer mit den Flüchtenden, den Seufzenden, die Kriegsschiffe der Deutschen, die Kreuzer der Russen. Hier wächst der Leucadendron Lauriolum neben einer ganz normalen Butterblume, sagt ein Holzschildchen.

Der Himmel ist wieder klar. Ich stehe auf der Spitze der Erde wie einst der kleine Prinz auf seinem Planeten, und stelle unumwunden fest: Das Leben ist ein Wunder.

Zu guter Letzt

Dankesrede anläßlich der Verleihung des Verdienst-
kreuzes am Band des Verdienstordens der Bundes-
republik Deutschland

Sehr geehrter Herr Botschafter,
geachte mevrouw van onze minister president,
lieve vrienden en familie!

Meine ersten englischen Worte waren
»Made in Germany« und »Winnetou«.
»Es ist zu spät, o Winnetou,
der Samen ist schon drinne du«,
scherzten wir Ende der fünfziger Jahre.
»Te laat te laat, zei Winnetou,
het zaad is al naar binnen toe.«

Deutschland hieß damals noch Moffrika.
Wir vertrauten nur Amerika.
Sangen ausschließlich Doris Day,
Pat Boone
und Frank Sinatra.
Wie viel hat sich verändert!

Türkisch essende,
deutsch sprechende
junge Leute singen
für unser vereinigtes Nachbarland
und kriegen beim Eurovisions Songfestival

zwölf Punkte von Israel.
Die höchste Punktzahl von den Juden.

Hätte man sich zehn Jahre zuvor vorstellen können,
daß die Mauer fallen würde?

Daß die Deutschen
zusammen mit den Amerikanern
und den Niederländern
Bomben
auf Serbien fallen lassen würden?

Daß Fußballer von Ajax
in der Bundesliga spielen würden?

Daß das Wörtchen »überhaupt«
in mancher niederländischen Bemerkung
unverdächtig auftauchen würde – ebenso wie
»scheinbar« und »selbstverständlich«.
Daß Berlin eine Partnerstadt von Rotterdam sein
würde.
Wie viel hat sich verändert!
»Zimmer frei«
steht ohne Hakenkreuz auf Pensionen in Bergen,
Katwijk und Zandvoort.
Mißbraucht, vergewaltigt, erniedrigt,
ist die deutsche Sprache in Nederland vorsichtig
aufgestanden
und über ihren Schatten gesprungen.

Im Frühling der sechziger Jahre
haben wir zögernd die Worte wie Reisig aufge-
sammelt,
Niederländisch und Deutsch miteinander ver-
mählt.
Nederlands en Duits met elkaar getrouwd.
In den beginne.

Thomas Woitkewitsch,
Rob Chrispijn,
Alfred Biolek,
Karsten Jahnke,
Erik van der Wurff
Hauke Tedsen
Ron van Eeden
Willem Wilmink
und
ich.

Wir haben »dem«, »der«, »das« gesungen
gegen alle Winde,
wir zogen durch deutsche Alleen
und sangen
von niemals vergessen
nooit vergeten
und wissen,
daß sich die Sonne
über unseren Köpfen
immer
und bedingungslos erheben wird.

In diesem Glauben,
in dieser Sicherheit
haben wir einander gefunden.

Ich bin Ihnen dankbar
für die Anerkennung,
die Sie uns gaben.

»Das Kreuz«
voor onze »eigenwijs«.

Dank u wel
und danke
schön.

Herman van Veen

Bezugspersonen

Fotonachweis